3岁

（为1~3周岁女孩们
量身打造科学培育方案）

决定女孩的一生

宋云◎编著

掌握正确培育女孩的方法，望女成凤的愿望就会轻松实现

北京联合出版公司
Beijing United Publishing Co.,Ltd.

图书在版编目（CIP）数据

3 岁决定女孩的一生 / 宋云编著 . —北京：北京联合出版公司，
2009.6（2018.4 重印）
ISBN 978 - 7 - 80724 - 731 - 9

Ⅰ . 3… Ⅱ . 宋… Ⅲ . 儿童教育：家庭教育
Ⅳ . G78

中国版本图书馆 CIP 数据核字（2009）第 094603 号

3 岁决定女孩的一生
作　　者：宋　云
选题策划：北京天下书盟文化传媒股份有限公司
责任编辑：徐秀琴
特约编辑：何英娇
封面设计：天下书装
版式设计：天下书装

北京联合出版公司出版
（北京市西城区德外大街 83 号 9 层 100088）
三河市人民印务有限公司　　新华书店经销
字数 200 千字　　710 毫米 × 1000 毫米　　1/16　　15 印张
2009 年 7 月第 1 版　　2018 年 4 月第 2 次印刷
ISBN 978 - 7 - 80724 - 731 - 9
定价：39.80 元

目
录

第一章 从出生到3岁，宝贝女儿知多少

有句童谣说："女孩是用糖、香料和一切美好的东西做成的；男孩是用剪刀、青蛙和小狗尾巴做成的。"女孩在妈妈孕育的那一刻就决定了她的天赋和优势。她们比男孩子更敏感 更善于沟通 也更体贴人。当然 每个小女孩又有自己独特的方面：有的任性；有的大度；有的乐观；有的内向……那么 你家的小姑娘是什么样子呢？这可是教育她的前提！

第二章 贴身小棉袄，从小好性格

都说女儿是妈妈的贴身小棉袄 不过 这个小棉袄可不是"天生"的。如果你没有教育好 让小棉袄有了小刺猬的性格 那么你只能"享受"刺猬的待遇了！并且 这个性格不好的"小刺猬"长大之后 还会因为性格不好 遭受更多的苦难。

第三章 高情商,女儿一生的财富 ………… 37

人们总愿意用"柔情似水"来形容女人,因为有"情",女人才水润起来,才有了善解人意、贴心知暖。不过,女人的这些"情"可不是一朝形成的,女孩只有出生之后就浸泡在父母的亲情里,才能得到一生幸福的种子。

第四章 消除障碍,做女儿的心理师 ………… 63

不要以为给了宝宝漂亮的芭比娃娃、可爱的毛绒熊、好看的动画片,她们就快乐了。也不要以为出生的小孩子除了吃之外,什么都不需要。因为像每个成人一样,她们也有自己的心理需求,如果心理需求没有得到满足,她们也会出现心理问题。

第五章　养育人见人爱的小公主 ‥‥‥‥‥‥‥ 83

> 想到自己的女儿以后成为一个优雅、有气质、社交能力强的魅力女人,爸爸妈妈都会笑得合不拢嘴吧? 不过,你想过没有,这样的女儿可不是一蹴而就的,从小爸爸妈妈就要开发她与生俱来的社交天分。

第六章　开发语言潜能,打造优质宝宝 ‥‥‥‥‥ 103

> 语言是每个女孩子与生俱来的优势。早在10～13个月时,她们就用自己的天赋"宣言"了,而男宝宝还要等上3～4月才会说话。3岁的女宝宝就可以清楚地表达了,而男宝宝4岁半才能做到。那么,对于宝宝的这项先天优势,你要怎么去开发呢?

古人说,"女子无才便是德",不过现代的女人没有才只能成为"花瓶",当青春不再,"花瓶"只能沦落为"瓦片"。其实,一个女孩是否成为"花瓶"的关键在于父母。因为在她很小的时候,一样有不输于男孩的智慧。

想问0~3岁的宝宝学什么,不如问0~3岁的宝宝玩什么。游戏对于这个时期的宝宝来说,不仅是生活,更是一种学习:积木搭出宝贝的空间感;过家家让宝宝学会了交往;拼图,让宝宝学会去动手解决问题……不得不说,聪明的宝宝是玩出来的!

第九章 艺术宝宝的潜能开发 ·············· 159

如果你的宝宝把家里的白墙弄上了乱七八糟的颜色，千万不要呵斥她："你怎么这么调皮！"因为她正创作自己人生的第一幅"画"，她可能还正等着你的表扬呢！不妨去问问她，宝贝，你画的是什么？也许，就是因为你问了这句话，你的孩子成为了天才的画家！

记住：每个孩子都有自己的艺术潜能，关键是你开发了没有。

第十章 会生活，从小做起 ·············· 177

你的小姑娘还很小，所以很多时候，都需要你来照顾她。不过，当她一天天地长大，你就要交给她做一些必要的事情了，比如大小便、刷牙、穿衣等小事情。另外，你还要交给她一些防身的小知识，因为很多时候，她并不在你身边。

千万不要觉得这些事情很简单，要知道，这可是宝宝成为一个独立个体的必然经历。

第十一章 言传身教,铸造宝宝 N 个好习惯 ·········· 203

"野蛮产生野蛮,仁爱产生仁爱。"新出生的宝宝像白纸一样,依靠着天生惊人的模仿力,"摄像"着父母的一言一行,然后自己进行模仿学习。从爸爸那里,他们学到了早晚刷牙、遵守规则;从妈妈那里,他们学到了按时睡觉、干净整洁……

第十二章 好环境,好女儿的幸福乐园 ·················· 221

著名儿童教育家蒙特梭利说,环境是有生命的。每个孩子在他出生后,无时无刻的在周围环境中吸收"营养":他们在爸爸妈妈的照顾中得到最初的信赖;在与陌生人的交往中得到最初的害羞;从伙伴的游戏中得到集体意识的融合……

第一章

从出生到三岁，宝宝女儿知多少

　　有句童谣说："女孩是用糖、香料和一切美好的东西做成的；男孩是用剪刀、青蛙和小狗尾巴做成的。"女孩在妈妈孕育的那一刻就决定了她的天赋和优势。她们比男孩子更敏感，更善于沟通，也更体贴人。当然，每个小女孩又有自己独特的方面：有的任性；有的大度；有的乐观；有的内向……那么，你家的小姑娘是什么样子呢？这可是教育她的前提！

第一节　女孩从出生到 3 岁意味着什么

1980 年，英国伦敦精神病研究所教授卡斯比和伦敦国王学院的专家们进行了一项性格的长期试验观察。

这项研究以当地 1000 名 3 岁幼儿为研究对象。经过调查分析，专家们将这些孩子分为五类：充满自信型、良好适应型、沉默寡言型、自我约束型和坐立不安型。时至 2003 年，这些 3 岁的孩子已成长为 26 岁的成人，卡斯比教授等专家又对他们进行了走访考察。

结果，他们发现了一个奇怪的性格现象：一个人 3 岁时和他成年后的性格十分相近。比如，3 岁前活泼热心、为人外向的孩子，在成年后就会有性格开朗、坚强、果断，领导欲较强的特点；3 岁前自信、自制，不容易心烦意乱的孩子，成年后性格也自信、稳重；3 岁前沉默寡言型的孩子，成年后倾向于隐瞒自己的感情，不愿意去影响他人，也不敢从事任何可能导致自己受伤的事情……

调查结果惊人地向人展示了"3 岁看到老"的有力证据。2005 年，卡斯比根据调查发表了报告演说，引起了国际育儿学术界的巨大轰动，3 岁前的幼儿研究和教育也为人广泛关注。

女儿能力发展的关键时期

经过研究，人们发现 0～3 岁是宝宝大脑高速发展的时期。女宝宝相对男宝宝来说，脑部发育速度更快一些。最新医学研究表明，宝宝出生的最初几年中脑子发展最快，2 岁大脑的重量是出生时的 3 倍，占成人脑重的 75％，而到 3 岁时，脑重已经接近成人。此时宝宝感知觉、记忆、思维、个性等发展十分迅速，比如 2～3 岁的婴幼儿已经能够进行口头数数、按物点数、按数点物、说出总数等计数活动。

而在这一时期，是否对孩子进行运动发育、语言发育、交往能力等早期教育，直接影响他们的智力发展水平。

女儿知识的无意识吸收的时期

这是蒙特梭利总结 0 ~ 3 岁孩子年龄特点之一。

宝宝出生以后，就有了巨大的吸收性心智。虽然此时她不会明确表达自己学了什么，但是她能够像海绵一样吸收周围的刺激和信息，将这些信息和刺激，以无意识的记忆方式贮藏下来，长大后，贮藏的信息也会以惊人的水平释放出来。对于女孩来说，语言是她们卓越表现的方面，家长可以在此方面进行宝宝的培育。我们来看看这样一个女孩子：

17 岁女孩刘亦婷以出色的英语水平被哈佛大学录取，而英语水平的优秀正是源于幼时的无意识吸收到了英语的刺激。刘亦婷母亲说，刘亦婷 8 个月时曾和自己一起收看中央电视台每天下午 6 点 30 分播放的《Follow me》（刘亦婷母亲当时正准备英语考试）。

虽然这种接受记忆是无意识、被动的，但这对以后刘亦婷出色的英语水平有重要影响。当刘亦婷长大进行英语学习时，她的老师惊讶地发现，她的英语能力达到异于寻常的水平。刘亦婷也说："我觉得学英语就像学自己的语言一样容易。"

3 岁前孩子所有的吸收能力都处于一种无意识状态。只要有刺激，只要孩子看到、听到了，就会在头脑中留下痕迹。而这种的无选择性的吸收多少源于环境刺激的多少，环境给予的刺激多，她就多吸收，刺激少，她就少吸收。

另一方面，此时给孩子大量好的刺激，她就会吸收好的信息，给坏的刺激，她就储藏了坏的信息。"照单全收"就是这个时期孩子储藏信息的特点。

所以，如果家长在此时要为孩子提供最优秀的环境让她充分吸收好的能量，那么，孩子就会"如愿以偿"地成长起来。而如果以为孩子什么都不懂，对周围的环境如何无所谓，那么，孩子教育就败在出发点了。

女儿无意识反抗的时期

这是蒙特梭利总结0~3岁孩子年龄特点之二。

人的反抗是与生俱来的，而0~3岁是人生的第一反抗期。这个时期，宝宝刚有语言，刚开始说话，但是并不能表达清晰，所以她更多是用动作、情绪来诉说自己的不满。

蒙特梭利认为，宝宝生下来，就有自发式发展的特征，所以给予孩子应有的自由，不要捆绑才是最重要的。如果担心孩子骨骼长得不直，把孩子裹得紧紧的，像个包裹，那么就会束缚孩子。当孩子能够翻身、爬行、走路再去束缚孩子，那么孩子就会反抗。比如，孩子要自己走，你非要牵着走。她要往那儿去，你偏不让去。这就会带来她的反抗，最明显的事例就是家长从孩子手中夺东西，但孩子就是不让。

其实，孩子反抗是对独立能力的一种需求，当这种需求得不到满足时，她就会进行反抗。如果在0~3岁期间，孩子独立性活动的要求总是受到压制，那么她的反抗就会伴随终身，长大以后叛逆也就更加明显。

相反，如果家长给了孩子充分的空间，让她的独立性发展得到满足，那么孩子就不会有过多的反抗表现，也不会让反抗的精神伴随。所以，想把女孩教育成"贴身小棉袄"的父母，现在就要注重满足她的独立需求了。注意尊重她的独立要求，给予她活动自由，顺应她的发展。

第二节　不容错过的智力开发关键期

美国哈佛大学心理学教授霍华德·加德纳经过多年潜心研究和试验得出结论："每个正常的人与生俱来都拥有多项智力的潜能。"那么，

为什么许多人的智力潜能没有发挥出来呢？经过多方面研究显示，3岁前的智能开发缺陷造成了潜能的"活埋"。而其中，家长的忙碌工作和疏忽孩子0~3岁期间的教育是压制智力潜能的重大"杀手"。

脑科研究指出：宝宝呱呱落地时，大脑约占了成人脑重量1/4；5~10个月大时大脑发育最快，对外界的刺激、变化极为敏感；2周岁时，脑重已达成人脑重的75%，脑细胞之间的联系也日益复杂化，个体差异开始表现出来。到了3岁，宝宝脑细胞组织已经完成了60%，脑重也已接近成人，小脑的发育已基本完成，此时宝宝已经可以维持身体平衡和动作的准确性。

从0~3岁，宝宝大脑飞速发展，并且可塑性相当高，即使局部的神经细胞被损坏，通过好的教育，邻近的细胞也可以有效地实行改组，代替它的功能。但是，过了敏感期再去进行教育，就为时已晚，缺陷也将会伴随宝宝终身。

一名为巴甫洛夫的专家做了一个小白鼠实验：

巴甫洛夫把几只同时出生、相同体重的小白鼠，分成两组进行试验。他为两组小白鼠提供同样的食物。不过，其中一组小白鼠提供了较大、光线充足的空间，在这个空间里他安置了滚筒、滑梯等玩具，播放了丰富的音乐，让这组小白鼠在里面自由玩耍；而另一组小白鼠，则放在没有光线、没有玩具、没有同伴的空间里。

19天后，他对这两组小白鼠进行了智力测试。结果显示：前一组小白鼠十分机敏灵活。后一组小白鼠却呆滞迟缓，即使去抓它们，也不知道逃跑。

而后，巴甫洛分别对这两组小白鼠进行抽样解剖，他发现前一组小白鼠因为经常接受丰富的信息刺激，大脑生出了许多突触，发展出紧密的联结；而后一组小白鼠则因为刺激较少，脑组织竟呈现萎缩、脑重量和体积相对变小的现象。

这个试验印证了早期教育的重要性，在婴幼儿成长的过程中，一旦错过了生长发育的关键时期，脑组织结构就会趋于定型，潜能发展也将受到限制，即使拥有优越的天赋，也无法获得良好的发展。

所以，如果你的宝宝正处于0～3岁，千万不要因为他们小而忽视他们的教育，否则，错过了智力发展的黄金时期，只能让自己和孩子抱憾终身。作为0～3岁孩子的父母，为孩子提供温馨的环境，适宜的玩具、图片以及充足精神的"营养"，进行人生的最初教育，宝宝才能有"望女成凤"的智力根基。

下面是0～3岁婴幼儿各项智力发展变化分析，你可以据此来验证自己宝宝的发展状况，为她选择适宜的教育手段。

新生宝宝：

头部可以左右移动，手能够紧握，并且哭声有力，当妈妈抱她的时候，表情很安静。这时候，宝宝可以表现激动情绪。

三个月宝宝：

抱宝宝的时候，头部稳定，身体可以保持直立；并且眼睛可以转180度，现在宝宝如果愉快就可以笑出来，并且能够微笑。

六个月宝宝：

宝宝此时能够仰卧，如果她的玩具掉落还会自己去找，还能够自己吃饼干。情绪也变得丰富起来，比如得意、喜爱、厌恶、愤怒、恐惧，宝宝都能够表现出来。

1岁宝宝：

宝宝此时最大的表现就是独自站立、盖瓶盖、有意识地叫爸爸妈妈。

1岁半宝宝：

已经能够行走自如，说10个左右的单词，学会大小便。另外，她还可以体味成功和失败，产生嫉妒的情绪。

2岁宝宝：

双脚跳起来，还可以唱两句以上的儿歌，自己还可以洗手、擦手。

2 岁半宝宝：

能够单脚站立 2 秒，模仿画直线，说出自己的姓名，还可以协助妈妈给自己穿衣服。对别人可以表示感谢和同情。

3 岁宝宝：

可以骑三轮车，把纸叠整齐，对于冷、热、饿也能表达。自己还可以扣扣子。有了意志，智力和情绪也可以相互影响。

第三节　新生儿的惊人能力

新生小宝宝的诞生是大自然的奇迹。所以，你不要认为出生后的小宝宝只会傻乎乎地看着你，一出生，他们便具有很多了不起的本事。了解宝宝的本事可以让你知道自己宝宝是否发育正常，为他的进一步发展给予合适的训练。

本事一：看东西

新生儿天生就喜欢看图案，不喜欢看单一色的屏幕，并且他们对类似人脸图形的兴趣超过对其他复杂的图形的兴趣。

如果你和自己的宝宝相对时，他会注视你。此时你慢慢移动你的头向宝宝一侧，然后再向另一侧移动，那么你会发现宝宝会追随你脸移动的方向，不同程度地转动眼和头部。

而这种追随移动东西看的特点，是大脑功能的正常表现。据统计，90% 以上新生儿都有这种能力，值得注意的是，如果你想给宝宝看东西最好距离眼部 20 厘米。

新生儿对光也比较敏感，遇到强光刺激时就会闭眼。

本事二：听东西

新生儿有听的能力，并且他们还会给声音定向。如果你在这一侧轻声说："小宝宝，转头来。"他会转过来看你，而你换到另一侧呼唤，他又转过去。值得注意的是，如果你用尖锐的声音刺激他，他就会用哭闹表示抗议。

在训练宝宝听力时，要注意这样一点：宝宝刚出生时，由于耳朵的鼓室没有空气和有羊水潴留的原因，听力稍差，不过，3～7天时听力就发育得很好了。

本事三：闻东西和分辨不好吃的东西

宝宝出生时，味觉和嗅觉已经基本发育完善。出生5天，他们就能区别乳母和其他母亲奶的气味，而且对母乳的香味很敏感，他们一闻到奶香味就会把头扎到母亲怀里，寻找母亲的乳头。

发达的味觉在他们生病吃药时，起到很大的作用。那些小家伙嘴巴一遇到药就会拼命地哭闹和往外吐。实在是为难了爱子心切的父母。

本事四：灵敏的触觉

新生宝宝的触觉很灵敏，尤其在眼、嘴巴周围、手掌、足底等部位。触到这些部位他们就会眨眼、张口、缩回手足。

本事五：会运动

宝宝出生就会将手放到口边甚至伸进口内吸吮，四肢会做伸屈运动。接近满月的宝宝被抱起时，头部可维持极短时间的直立。而当他们拿到玩具时，就会抓得紧紧的，绝不肯轻易松手。

本事六：交流

新生儿出生后就具有与环境互动、与成人互动的能力。新生宝宝最重要的交往形式就是哭。他们可以因为饥饿、口渴、尿布湿等原因向父母表达自己的意愿。当然，如果他们高兴的话还会对人微笑。

本事七：神经反射

宝宝出生时就具有一些先天性反射，而这些反射可以很好地反映他们的健康状况。现在简单介绍其中几种。

吸吮反射

奶头、手指或其他物体碰到宝宝嘴唇，他就立即做出吃奶的动作。

觅食反射

奶头、手指或其他物体碰到了宝宝的脸颊，他会立即把头转过去，做吃奶动作。

怀抱反射

宝宝一被抱起，就会本能地紧贴过去。

迈步反射

父母扶着宝宝的两腋，将他的脚放在平面上，宝宝此时就会做出迈步动作。

另外，还有一些反射。如，眨眼反射、惊跳反射、游泳反射等。这些反射有些能够很好的"自卫"，不过当宝宝长到几个月后，许多先天反射就会相继消失，并逐渐形成许多条件反射。

本事八：模仿能力

如果你和宝宝对视时，你慢慢地伸出舌头，保持每 20 秒钟一次，重复 6 次。如果宝宝对吐舌动作感兴趣，他也会学你的样子，将舌头伸出来。

另外，宝宝还会模仿其他脸部动作和表情，如张嘴、悲哀、微笑、生气。当然，如果是宝宝不喜欢的动作，他们就不会模仿。

模仿能力是宝宝能够取得智力提升的重要方面，父母可以充分利用宝宝的模仿能力进行早期教育，给予宝宝足够的良性刺激，促进他的发展。

第四节　与生俱来，女孩的天赋和优势

有句童谣说："女孩是用糖、香料和一切美好的东西做成的；男孩是用剪刀、青蛙和小狗尾巴做成的。"女孩在妈妈孕育的那一刻就决定了她的天赋和优势，出生后的女孩安静、合作，喜欢糖、香料等一切美好的东西，并且很少给爸爸妈妈惹是生非，"贴身小棉袄"从小就被表现得淋漓尽致。

追求美

都说女儿是爸爸前世的小情人，从小她们就会"打扮自己"，和妈妈比漂亮。女宝宝1~2岁就对很女人的物品感兴趣，比如项链、口红、内衣、高跟鞋，并且她还会拿来在自己身上比画。

一位女宝宝的母亲这样描述自己的小女儿：在我成为母亲之前，我曾以为，小男孩和小女孩之间是没有太大区别的。但是当女儿降生后，我发现还不到2岁的她，就开始抱怨她的小袜子上没有花。奇怪的是我从来没有告诉过她带花的袜子更漂亮，但她就是喜欢带花的袜子。

善于沟通，追求和谐

在摇篮里，女宝宝喜欢与人和谐、融洽交流。通过交流，她们可以感受到父母的关心、理解、尊重、忠诚、体贴和安慰。在交流中，女宝宝不喜欢竞争，她们追求平等付出和获得，在交流中她们还会把与生俱来的关爱和友谊等融入其中，所以女孩交流是她们的天性。另外，女宝宝的交流还得到了语言能力的有力支持，因为她们的大脑左半球神经末梢的发育早于男宝宝，所以她们很早就学会了说话、书写、造句，并且有良好的语言推理能力。可以说，女宝宝生来就是社交家。

所以，父母顺应女宝宝的天性，为她提供良好的沟通环境，倾听她的真实想法，那么，女宝宝的沟通的优势就会得到很大的提高。

神奇的观察能力

科学家做过这样一个试验，他们让11个半个月大的婴儿坐在母亲腿上观看小戏剧。第一幕是一个橘黄色的大块东西从蓝色吊箱上吊起，缓慢地穿过舞台，然后重新放回箱子里。第二幕过程也是如此，只是橘黄色的物块小了一些。

在试验过程中，男宝宝好像没注意到物块的大小差异，而女宝宝看到了不同马上激动起来，并开始发出语言一样的声音，在此我们看到了女宝宝的细致观察力。而在女宝宝识人上这种观察力可以更好的表现出来，女宝宝天性爱观察人，喜欢盯着人看，如果你拿着一个玩具去逗引女宝宝，她会专注地看着你而忽视了你的玩具。最后的结果是，女宝宝认人、叫人的时间都比男宝宝早很多。

突出的语言能力

语言似乎是上帝为女宝宝准备的最好礼物。专家认为女孩的左脑神经比男孩发育得快，而左脑可以强烈地影响一个人使用词汇、拼写和记忆事物的能力。凭借左脑发育的先天优势，在 10 ~ 13 个月时，她们就用自己的天赋"宣言"了，而男宝宝还要等上三四个月才会说话。她们 3 岁就能够表达清楚自己想表达的内容，而男宝宝 4 岁半才能做到。另外，女宝宝使用语言时比男孩更生动、更流利。

等到女孩 16 岁时，她们联系着大脑左右半球的神经纤维——胼胝体比男孩大 25%，这决定了左右脑半球交流更多、更容易用语言表达情感。并且她们大脑内负责语言和写作的区域也更活跃，因此女孩能使用更多词汇，写作也更生动、细腻，所以女孩在语文、外语的学习上比男孩子有突出的优势。

女孩有了这种语言天赋，并不表示她们就可以发挥出来，这就需要父母的早期教育了。在这个时期，如果父母能够积极鼓励女宝宝勇敢表达自己的观点，那么，女宝宝长大后就可以很好地发挥自己的语言天赋。

丰富的感情

都说女人似水，这是说女人丰富细腻的感情特点。而这在女人作为出生的女宝宝时就表现得淋漓尽致了。

在爱激素——荷尔蒙的驱动下，女宝宝天生就会关心、爱护、照看他人。很小的时候她就会对玩具或游戏注入感情。她们很少像男宝宝那样把玩具当做"肢解"的对象，而是把玩具当做自己的孩子、病人或伙伴，她甚至还会给它讲故事、哄它睡觉……

在这个过程中，女宝宝不断地培养自己当妈妈的角色，生育并抚养自己的宝宝，为它们投入自己的丰富的感情，从而在女宝宝长大后，就成为水样的女人、温柔的母亲。

敏感细腻

女人的第六感是得到公认的，因为女人的生理系统比男人更加敏感细腻。

在触觉方面，最不敏感的女孩也要比最敏感的男孩得分高；在听觉方面，同一种声音在女孩听来要比男孩听到的响亮两倍；在味觉和嗅觉方面，女孩有更多的味蕾，更容易受到气味的吸引，她的味觉和嗅觉比男孩敏感许多；女宝宝天生心理感受比男宝宝丰富、细腻。可以说，女孩的敏感是从出生就开始的。

正是这些敏感的特征使得女孩会捕捉那些微妙的、不容易被人发觉的信息以及更为具体的细节，建立起自己的直觉系统。

心灵手巧

女孩的手巧是天生的，她们手部的小肌肉群灵活协调地发展，使她们能够充分开发并利用"手"的功能：

看到妈妈织毛衣、做针线活，她们也会找些碎布织织缝缝；

看到爸爸写毛笔字，她们也会泼墨挥毫，像模像样地挥笔；

她们时常还会自己弄些纸片自己折叠；

当你的女宝宝缝制出第一件"服装"、写出第一个毛笔"字"，你就要懂得欣赏，给予适当的褒奖，只有这样，宝宝的才华才不会被压抑，才会在以后的成长中展现自己的艺术创造力。

 教女小贴士：物归原处，宝宝天生的秩序感

2～3 岁的孩子总喜欢把自己的小东西搬来搬去，最后放回到原处，这是让大人很难理解的。换个角度想，大人把一些东西搬来搬去，孩子也是很难理解和判断的：为什么他们喜欢把原来的东西打乱？这看起来多么不舒服！

坐叔叔的车

大清早，3 岁不到的晨晨就在幼儿园门口大哭起来，谁劝都不行。我突然想起刚才走出楼的时候晨晨还好好的。在楼门口，她的叔叔看见我们，让我们上他的车，顺路把我们捎了过来。刚上车晨晨就开始哭。开始我还为晨晨不给人家面子而不舒服，现在想想不是那么回事。

我对晨晨说："晨晨，我们回去，走过来，好吗？"晨晨哭着同意了，当我们从家再走到幼儿园，晨晨就破涕为笑，平静下来（晨晨每天早晨和我一起走到幼儿园，今天早晨叔叔用车载她过来，打破了她原来的秩序，所以就大哭起来）。

自己关灯

每天晚上芸芸都会喝一杯牛奶，然后把碗放进厨房，最后把厨房的灯关掉。

一天晚上，芸芸喝完牛奶，把碗放好，然后去关灯，但开关底下的小凳子不见了，芸芸踮起脚够了好几次开关，依然够不着，于是就往餐厅跑去。芸芸妈看见芸芸没有关灯，就去把厨房灯关了。

灯刚熄灭，一阵响亮的哭声由远及近地传来。芸芸妈看到宝宝女儿抱着一个小凳子，哭着走过来。芸芸妈看到此，赶忙打开灯说："对不起，我还以为你忘了。"但是，芸芸无论妈妈怎么解释和道歉，都大哭不止。

"不行，我自己开灯！""阿姨不能拿妈妈的包包""不对，再来一遍"，小孩子的"无理取闹"让大人烦恼倍增。后悔当初太娇惯孩子吗？错了，不是太娇惯，而是宝宝的秩序敏感期来了，此时，你更要"娇惯"宝宝了。

按照蒙氏的教育理念，宝宝的秩序感是与生俱来的，早在他们没有出生的时候，对秩序感就有了生物感应；当宝宝3个月时，他们就喜欢与体现对称、比例、均衡的人脸交流，从而获得秩序感，满足心理需求；到了3岁，秩序感更加强烈地体现出来。当被置于杂乱无章、陌生的环境中时，孩子会因为这种没有秩序，而向家长哭闹示威。而当宝宝继续成长的时候，秩序感就会在心理体验上深化为安全感、归属感。

那么，宝宝为什么会表现出这种秩序感呢？

从根本上说，宝宝的秩序感来自于对环境的控制欲望，而这种欲望根源于对未知事物的恐惧。只有生活有序，他们才会感到安全。否则就会产生焦虑和恐惧。所以，我们看到许多宝宝都会蛮横地说"再来一遍！"，因为只有重复原有秩序，才能消除他们心中的恐惧。

当然，家长只有满足了宝宝的这个需求，让他顺利地度过了秩序的敏感阶段，才能让他们进一步发展。

另外，秩序感是道德意识的起源之一。宝宝通过自己的认知将正确、好坏融入环境进行区分，最终他的自律感也就因此而生。

值得注意的是，宝宝2~4岁是秩序感发生、发展的敏感期。妈妈爸爸此时如果顺应宝宝与生俱来的秩序感，培养他们有序、合理的生活习惯，就会使他们在自己喜欢的环境中愉快地生活。当他们因为秩序感保持了良好的生活秩序、习惯，6岁以后，在人际交往中会表现出自如与和谐。

要想促进宝宝秩序感发展，就要给宝宝提供有秩序的环境。对于宝宝的生活环境来说，家庭和家人是环境最重要的部分。他们能够从周围

事物形态体现出的均衡、比例、对称、节奏等因素中，感受到愉快、兴奋、舒服。

所以，当你的宝宝有如下动作，千万不要以为他们是无理取闹：

走路热了，把大衣脱下来搭在胳膊上，但是宝宝非要拽着妈妈的袖子，让自己穿上。

客人坐在了每天孩子爸爸吃饭时的位置，宝宝就大哭起来，直到孩子爸爸回到自己的位置。

宝宝认为坚持每样东西必须归其"主人"所有，他人不得动用，爷爷不能用爸爸的拖鞋，姑姑不能用妈妈的香水。

……

此时，满足宝宝秩序感敏感期的特殊要求，满足孩子对事物固定秩序与完美无缺的追求。利用秩序感，建立规律有序的学习氛围，对宝宝未来的学习行为和生活行为是有价值的。

第二章

贴身小棉袄，从小好性格

　　都说女儿是妈妈的贴身小棉袄，不过，这个小棉袄可不是"天生"的。如果你没有教育好，让小棉袄有了小刺猬的性格，那么你只能"享受"刺猬的待遇了！并且，这个性格不好的"小刺猬"长大之后，还会因为性格不好，遭受更多的苦难。

第五节　人格是在幼儿时就养成的

有人说，"性格决定命运"，人生的成功，很大程度上依赖于性格的伟大。而健康人格的重要核心就是指性格的完善，因此人格的培养就显得十分重要了。教育大师蒙特梭利说，学前儿童0～6岁是心理发展人格成长的重要奠基阶段。而3岁以前宝宝的人格发展是儿童成长的重要组成部分，其影响将持续终身。

3岁前，我们发现宝宝的个性特征明显的表露：

好奇心：有的宝宝好奇心很强，对环境有强烈的探索兴趣；而有的宝宝则对外部的环境很少关心或不关心。

独立意识：有的宝宝做什么都要求自己干，如果爸爸妈妈"帮助"他，会让他很不爽。比如他的玩具掉在地上，爸爸帮助拾起来，他硬要爸爸重新丢掉，自己再拾起；有的宝宝却十分依赖父母，做什么事情都会说："妈妈、爸爸我不会……"。

人际关系：有的宝宝在小朋友间玩得不亦乐乎；有的却总是打别的小朋友，让小朋友很讨厌，或者自己总会因受到欺负而独自哭泣，然后只能向爸爸妈妈告状。

情绪稳定性：有的宝宝如果没有自己喜欢的玩具玩，也可以安静地玩不喜欢的玩具；有的宝宝却是十分"蛮横"，不给他喜欢的玩具就大哭大闹。

为什么宝宝会出现这么多的不同表现？这要从人格的形成说起。心理学家指出，影响人格形成和发展主要有遗传和环境两个因素。对于宝宝来说，二者在他的成长中交互作用，由此决定了宝宝人格的形成和发展。

遗传主要决定了宝宝的人格先天基础，如反应速度、活动水平、反应强度等方面；而环境因素则决定了宝宝的人格后天发展，如自我概念

形成、态度和价值观念、道德感、人际关系特征、习惯等方面。

爸爸妈妈如果要培养自己宝宝的人格，主要从后天发展方面进行教育指导，因为人格的形成主要是后天的环境因素决定的，而先天因素，爸爸妈妈此时已经不能控制了。

0~3 岁的宝宝后天人格还处于最初形成时期，没有定型。爸爸妈妈给予宝宝正确引导就会使得宝宝的人格健康成长，在一般情况下，人格容易沿着最初的倾向发展下去。如果你的宝宝比较顺从，爸爸妈妈用稳定、纪律的概念来引导他，那么宝宝以后会形成与人和睦相处、守纪律的个性。而如果宝宝天性要求别人处处依从自己，那么就应该尽少娇纵孩子，给予他适度的拒绝，那么宝宝长大后才不会专横霸道，任性自私。

另外，人格教育的范围是很大的，对于 0~3 岁的宝宝来说，爸爸妈妈在对其进行教育时，主要从以下几个方面入手：

乐观稳定的情绪：宝宝情绪对其个性形成有很大的影响。婴儿时期是个性形成的奠基时期。此时爸爸妈妈要给予宝宝关爱，满足宝宝的合理要求。

良好的社会适应能力：

8~10 个月的婴儿就要开始培养社会适应能力了。对于宝宝的要求，父母要教会他适度等待，不要因为孩子哭闹，就立即答应他的要求。

自尊心和自信心：

积极评价是建立宝宝良好自尊和自信的源泉。当宝宝用各种方式来吸引大家注意和赞美时，要给予适当的应答。不要总用自己孩子的缺点与别人孩子的优点相比，那样会使宝宝信心和自尊心受到打击。

思维和活动的独立自主性：

爸爸妈妈要给予宝宝活动和玩耍的充分自由，宝宝活动时，只要没有危险就不要干预或事事代劳，这样才能培养出独立的宝宝。

对于 0~3 岁的宝宝来说，性格发展也有一定的分期特征，因此，出生 2 个月的宝宝和 2 岁的宝宝教育方式也是不同的。父母只有抓住宝宝年龄分期的特征，才能对自己的宝宝进行适当的人格教育。

关于人格分期，心理大师弗洛伊德曾提出了人格的发展经历的五个阶段：口唇期、肛门期、性器期、潜伏期和生殖期。而另外一位大师埃里克森在其著作《童年与社会》中，对弗洛伊德儿童阶段的心理分期进行了细化，并指出孩子童年时期的人格定型化对其一生都具有深远的影响。我们在此主要介绍埃里克森对于 0～3 岁宝宝人格特征的分期。

婴儿期（0～1 岁）：

这一时期是宝宝信任感的形成阶段，而宝宝是否信任取决与他的口部性欲感觉的接受和被拒绝。埃里克森将这一时期分为两个阶段。

阶段一：最初口部合作阶段。这一阶段主要是宝宝口与妈妈奶头之间的合作，当然宝宝此时也会表现一些对抗，比如吐唾液和紧闭嘴唇不要奶头。

埃里克森说，人际关系中，"要取得别人给予的东西，就要学会让别人为他做他希望做的事，那么这个婴儿也必须发展它的自我本能，学会给予别人。"宝宝的口和妈妈奶头在最初的相互依存和相互体验中得到信任。如果妈妈做一些让宝宝不信任的事情，如怕奶头被咬疼而突然抽回；把奶头硬塞进宝宝口中；不时变换喂奶时间和方式……那么，宝宝就会用各种强迫的手段来达到自己的控制目的，而宝宝对外界的信任感也大大降低。

阶段二：咬奶头阶段。这个阶段建立了宝宝以"取得"和"抓住"某些东西为核心特征的人际间模式。此时的宝宝可以咬硬东西，视觉能够模糊"定位"，手臂还可以伸展和有目的地抓东西，所以他就会去咬奶头和抓东西。

埃里克森说："这个阶段，'善良'和'邪恶'开始进入婴儿的世界""对啮咬的快感，对母亲抽回奶头的愤怒，以及由于自己的愤怒毫无作用而引起更大的愤怒导致婴儿体验了虐待狂和受虐待狂的严重混乱状态"。所以，这时期就形成了宝宝对人际关系的不信任。

幼儿期（2~3岁）：

这一阶段的教育形成了宝宝自主与羞怯、怀疑的基本心理。这种心理来自于宝宝对肛门区域（括约肌）控制，主要是指宝宝对大小便的控制。

这个时期，宝宝能够从肠部和膀胱的彻底排泄取得快感，而得到这种快感需要宝宝自己在体内积累一定的排泄物，以增强肛门区域控制能力。

埃里克森说："如果外界控制的训练太早太严，始终不让儿童自己逐步控制大小便和其他功能，他就会面临双重对抗和双重失败。"所以，爸爸妈妈要对宝宝进行适当的肌肉及排泄器官的训练，那么宝宝就会获得自主性和自豪感，反之，宝宝就会出现疑惑感和羞耻感。

最后，在此指出，每个宝宝的天性是不同的，每位家长只有对自己的宝宝因"性"施教，才能教育出健康人格的宝宝。而父母进行宝宝人格教育时，不要因为别人采取不同的教育方式，就改变自己的教育方式。

第六节　乐观女儿需要父母的适当夸奖

在古希腊塞浦路斯岛上住着一位名叫皮格马利翁的年轻王子。这位王子酷爱艺术，通过自己的努力，终于雕塑了一尊女神像。对于自己的作品，王子达到近乎痴迷的程度，他每天守护在女神雕像旁边，深情地注视着她，用最美的语言夸奖她。最后，皮格马利翁的执著感动了上天，女神复活了，并成为他的妻子。而这就是心理学上有名的皮格马利翁效应。

从这里我们看到夸奖的价值，对于女性来说，赞美尤其重要，因为它可以使得女性乐观向上。对于家有千金的父母来说，乐观可以给予女儿一种气质，这种气质可以让女儿生命开出炫目的花朵，绽开在人生自信的枝头。看着自己的小宝宝，是不是很希望让她拥有乐观呢？那么，作为父母，首先找到乐观与自信的种子——夸奖。

我国伟大的教育学家陶行知指出：教育孩子的全部秘密在于相信孩子和解放孩子。而相信孩子，解放孩子，首先就要学会夸奖孩子，没有夸奖就没有教育。当你把夸奖播进女儿幼小的心田，耐心浇灌，细心呵护，就等待乐观开花结果、生根发芽吧！

也许，你觉得自己的宝宝天性就比较悲观，对于她的乐观培养没有信心，那大可不必。心理学家研究发现，乐观思想是可以培养的，即使孩子天生不具备乐观品质，也可以通过后天夸奖的努力来实现。日本一位儿童教育学家的研究表明，孩子经常受到家长夸奖和很少受到家长夸奖的，其成才率前者比后者高 5 倍。

下面，对于不同宝宝，我们进行夸奖的分期介绍：

0 岁：感受妈咪的爱的夸奖

从婴儿时期开始，妈妈就可以对宝宝说话，让宝宝感受到妈妈对自己的爱。例如，当孩子喝奶很认真时，妈妈可以这样说，宝宝，喝奶喝的很快哦！然后给宝宝一个亲吻或拥抱，让她感受到妈妈因为她好好喝奶，而对自己表示喜悦的情绪。

1~2 岁：接受正面信息

宝宝 1 岁左右时，妈妈可以在她自己起床时，给她一个大大的夸奖：宝宝会自己起床喽！此时鼓励及赞美一定要具体，不然，夸奖泛滥对于宝宝来说没有促进乐观的作用。

3 岁：具体的夸奖表现

光是给宝宝口语上和肢体上的夸赞已经有些过时了。除了拥抱、赞美宝宝之外，当孩子有好的表现时，也可以给宝宝一些具体回赠，比如爱心贴纸。

当然，宝宝的夸奖固然重要，但是，并不是说，只要夸奖就可以让宝宝乐观起来，所谓过犹不及，不当的夸奖还会引起宝宝对夸奖的排斥，甚至产生消极的思想。所以，父母使用夸奖就像青霉素一样，需要

有一定的标准，包括时间和剂量，以防引起过敏反应。

如果父母采取一些更恰当的方法夸奖孩子，那么对孩子造成的影响是大大不同的。

其一，"宝宝，你真聪明！"与"宝宝，我为你的努力而骄傲"

这是相当简单的一句赞美话，但是效果并不是很明显。因为没有夸到宝宝心里。

一项美国近期的研究发现，那些过多地被夸奖智力聪明的孩子可能回避新的挑战。在他们的研究里，研究人员对两组孩子说了不同的话，第一组为"宝宝，你真聪明"，第二组为"你们确实付出了努力。"

不过，当研究者给这两组孩子两个任务选择的时候：其一，在完成的时候可能出一些差错，但是最终能够从中学到一些非常重要的新的东西；其二，有把握能够做得非常好的任务。结果是三分之二的被夸奖聪明的孩子选择第二种任务，因为他们不想冒出差错的风险；而被夸奖付出努力的孩子90%都选择第一种任务。

由此我们看到，夸奖孩子聪明过于泛滥，会让孩子把好的结果与脑子聪明画等号，从另外一方面说，当他把事情做得很好，就只能自己聪明而已。所以，一旦他没有完成一件事，就会认为自己不聪明，自然也就没有学习的兴趣了。

而当你夸奖宝宝努力的时候，在另一面，你是鼓励她继续努力，寻求挑战。自然，当宝宝面对困难时就不会气馁。即使她失败了，她也会理性地看待失败。

其二，夸到细节。

在家长眼里，孩子的每一个成长细节都是值得惊叹和赞美的。于是夸奖泛滥，"宝宝真棒！""宝宝，真好！"……可是这种随口的肆意夸奖，带来的也许是孩子变得害怕失败，经不起一丁点儿挫折……

总是笼统地表扬孩子，会让孩子无所适从，比如，孩子端了一次饭，妈妈说道："好孩子，你真棒。"这对听惯表扬的孩子不以为意，其实可以这样说，"宝宝帮妈妈端饭，妈妈很开心"宝宝在妈妈的开心中就体味了表扬，并且知道今后应该怎么做，如何努力。当看到宝宝制作了一个卡片，可以这样说，"我喜欢你的卡片，很漂亮，也很风趣。"

当然，对于孩子乐观教育还有其他的一些方式，比如父母用乐观的思维方式对孩子讲述事情。如，下雨了，爸爸可以说"真好，下雨了，小草有水喝啦"而不是要说"该死，又下雨了！本来打算出门的！"，父母尽少的对孩子宣泄垃圾情绪，也是很重要的一方面。

第七节　体验成功可增强自信心

"妈妈，这是我在学校画的画……""妈妈，今天老师给我发了小红花""爸爸，你的拖鞋在这儿"……当宝宝主动做了这么多的成功事情，作为父母是不是觉得很骄傲呢？此时，爸爸妈妈也不能闲着，因为此刻，让宝宝体验做好一件成功事情后的喜悦，会使得宝宝信心大增。在成人的世界里，我们谈到的是"失败是成功之母"，但对 0～3 岁的宝宝来说"成功是成功之母"。从心理学上说，自信心与成功是相辅相成的，有了自信心容易获得成功，而获得成功，又可增强自信心。只有先体验到成功，宝宝才更容易增强自信心。关于宝宝成功体验的获取，家长可以从以下几个方面入手：

创造一个孩子易于进行多种尝试并获得成功的环境

让孩子能在比较宽松的环境中获得多种尝试的机会，会促进宝宝解决问题能力的提高。为宝宝提供一些有意思的小游戏就可以让她体验成功。

爸爸可以给宝宝准备一个"小房子"，"小房子"轻到 1 岁的宝宝就可以轻易地举起来；另外，"小房子"的骨架足够软，宝宝稍一用力

就能够让房子变形。房子的顶部要一个圆洞，底部有一个方形的洞，宝宝可以从这两个洞口出来。另外，房子的四周要安置上网状物，这样宝宝在房子里看外面就不会害怕。

最后，把宝宝放到"小房子"里面，鼓励她从里面出来。

你的宝宝会尝试很多办法：把"房子"和自己弄倒，从顶部圆洞口爬出来；托着底部的方形洞口，把"房子"举起来，然后从底部洞口钻出来；努力举高一只腿，用胳膊撑住身体从顶部洞口爬出来。

而宝宝爬出来之后，就获得了成功的体验。如果你给孩子在宽松的环境，创造更多的成功机会，那么，宝宝自信心就会大增。

相反，如果爸爸妈妈给宝宝提供"很难的"游戏，宝宝总是在行为中尝试"错误"和"失败"，那么，她的自信心就会备受打击。

放开孩子的手脚

要多给孩子提供充分的操作机会和行动的自由，宝宝想做什么，只要没有危险，就放手让她去做。

比如，当宝宝学习使用餐具时，把饭菜弄了出来，妈妈千万不要为了避免麻烦而"代劳"。这样的话，就体现了妈妈对宝宝的不信任，宝宝也会因为自己行为的失败，而以后拒绝尝试，因为她对自己的动手能力产生怀疑，对自己不自信了。

所以，日常生活中要注意培养宝宝的独立性，维护他们的独立意识，对于宝宝自信心的增加十分重要。

运用奖赏和鼓励的方法，让宝宝体验成功

一个微笑、一朵红花、一句赞扬的话，一句正确的积极评价，都容易使幼儿体验到成功的乐趣。另外，妈妈可以将宝宝获得的小红花、小金星放在宝宝房间的醒目位置上，这种荣誉感更可以提升宝宝的自信。

当宝宝提出创造性的想法，爸爸妈妈应当给予表扬、鼓励，使她张开想象的翅膀，在成功的体验中，增强其再创作的信心。

运用暗示法引导幼儿获得成功

因为此时的宝宝年龄小，自控能力差，父母在宝宝做错时，应该和颜悦色，运用暗示的方法，引导他们，使他们获得成功。这样，宝宝自尊心得到保护，也达到了成功教育的目的，同时，宝宝还会因为成功产生愉快的情绪。

比如，许多女宝宝害怕爬小梯子，父母可以当她成功做完某项动作时进行表扬，然后鼓励她做，告诉她说：其实爬小梯子很简单，只要手抓紧栏杆，脚踩稳，一级一级向上爬就行了。那时宝宝在原来成功的勇气下，就会打消害怕的念头，完成爬梯子的动作。

可以说，这样用暗示的手段让宝宝自信的活动，时间长了，她就会形成一种奋发向上的进取精神。

第八节　挫折教育，塑造女儿的坚强性格

3岁的月月想自己脱衣服，褪去两只袖子后，脑袋却因为耳朵挡在那里褪不出来！扯啊扯啊，就是脱不掉，月月又气又急，最后唯的一声哭了起来！还不停地叫着："妈妈，妈妈……"

你家的小公主，是不是也像上面的月月一样，遇到一点困难，就在那里喊"爸爸，妈妈"，她有时也动手办自己的事情，但是办不好，以后就永远都不去办了。最后，爸爸妈妈竟成为她命令的执行官，叫到哪，打到哪。如果你家的小宝宝和你处于这种关系，那么你就要考虑挫折教育，因为现在你的小公主已经承受不了任何打击了。

要知道她以后的人生还很长，困难还很多，如果现在你让宝宝不受任何困难地成长，到了那时，也许作为父母的你已经心有余而力不足了，所以，从小对宝宝进行挫折教育，塑造她以后面对困难的坚强信心，才是父母为她克服以后的人生困难提供的最好的武器。

那么，什么是幼儿挫折教育？

简单来说，幼儿挫折教育是根据宝宝身心发展和教育的需要，有意识地利用或创设一些困难，让宝宝通过自己独自动手、动脑去面对，去战胜困难，让他们在经受磨炼、摆脱困境的过程中，提高挫折承受力，培养迎难而上的坚强意志。

下面我们来看一个挫折教育下的小宝宝：

"我一点都不娇气，我自己穿衣、吃饭，摔跤了自己爬起来。那些我能办到的事才不喜欢叫爸爸妈妈插手，因为我长大了。"

挫折教育主要针对 2 ~ 3 岁的宝宝，这一时期，宝宝已经能够独立完成一些事情，例如自如地行走、用小勺吃饭，当然，因为他们的生理还不是成熟的，一些精细动作还不能很好地完成，例如扣扣子、系鞋带、脱套头衫，这时爸爸妈妈发现宝宝不能做到这些事情，就应该给予适当的帮助。

比如上面的月月脱不好衣服，如果父母发现因为宝宝扣子没解开就脱衣服，脑袋才出不来，就要告诉宝宝：月月，这里还有一颗扣子，脱衣服前需要解开。不要等到孩子大哭起来再去"指点"，那样，宝宝的信心已经受到打击了。

挫折教育的关键是让宝宝正确认识和理解挫折，让宝宝的认知得到发展。上世纪 50 年代，美国心理学家艾利斯提出的 ABC 理论对挫折进行了论述，他认为挫折是否引起人的情绪恶化，并不在于挫折本身，而在于对挫折的认知，即人对挫折及其意义的认识、评价和理解。

所以，当父母对孩子进行挫折教育时，重点是提高孩子挫折承受力，而不是让孩子在挫折上备感苦恼。

另外，由于此时宝宝思维的发展依赖于感知的形象，通过亲自感受和体验挫折，宝宝可以直观地了解事物发展的过程，从而对挫折有初步的认识。但是，宝宝此时并不能对挫折形成正确的理解，这就需要父母进行启发，最终让宝宝在感知和启发中形成对挫折的正确认识。

父母对宝宝进行挫折教育时，要注意以下几个问题：

困难要适度和适量

挫折教育不是吃苦教育，所以给宝宝设置的情境困难要符合宝宝的发育阶段，困难不能太强，要循序渐进增加难度，否则过度的挫折让宝宝自信心受到打击，反而产生严重的受挫感。

给予肯定

进行挫折教育，许多宝宝会出现退缩的现象，此时父母就要鼓励宝宝，孩子在努力中取得成绩，最后给予宝宝及时肯定，这样宝宝体验到了成功，就有勇气去面对以后的挫折。而如果宝宝因为挫折而出现挫折感，父母要及时给予疏导，防止宝宝产生挫折感。

了解宝宝受挫的原因

宝宝也可能在家长不了解的情况下受挫，所以当发现宝宝闷闷不乐时，父母要及时了解宝宝为什么会这样，协助宝宝分辨及思考怎样去解决挫折，有的宝宝受挫会哭泣，有的会打击别的小朋友。此时父母要告诉宝宝正确解决这类事情的方法。

帮助宝宝发泄情绪

当宝宝受挫不满时，家长要及时疏通宝宝的情绪，让宝宝学会在挫折中控制自己的情绪并发泄情绪。

第九节　独立女性长于"独立女宝宝"

家有千金，父母总是提心吊胆的，3岁的女宝宝竟然想去爬树、登高，甚至还付出了行动，但这多么危险，"宝宝，快下来！危险！""以后不能这样做了。"……不过，要是小男孩，父母就宽松多了，"小心点！""抓住！"

为什么是女儿就要阻止呢？而这些类似的阻止让女儿越来越依赖父母，当她们长大后，还会依赖别人，比如男友、老公，心甘情愿作为别人生活的附属品，这多么可怕。权威儿科博士詹姆斯告诫家长们说：

"依赖本身就滋生懒惰，精神松懈，懒于独立思考，易为他人左右等。所以说，处处对孩子包办代替，这不是在帮助孩子，而是在坑害孩子。"

要知道，独立是每个孩子发展的必然趋势，与孩子的性别无关。一个人只有有了独立性，才能具备独立分析和解决问题的能力，而这种能力是每个人在社会生存和进行创造性活动必备的心理品质，女孩子也不例外。

不过，父母要想培育出独立女性，首先要培育独立女宝宝。

宝宝 2~3 岁时，就有了独立倾向，此时他们自我意识开始萌芽，言语和动作发展迅速，对周围世界的认知范围扩大。他们喜欢自己走，不要父母抱；对成人要他干的事，往往回答"不"；当妈妈拿来早上要穿的衣服时，宝宝总是说："我自己穿！"当爸爸把稀饭送到宝宝嘴边时，他把头扭到一边说："我自己喝！"

总结起来，2~3 岁的宝宝，独立性主要有以下几个特点：极力"摆脱成人控制""不听话"、"犟"；渴望与同龄伙伴交往；对自己有点会但还不熟练的事情最感兴趣，并且自己反复做，比如摆弄一种玩具，重复一种游戏。

此时，父母要满足和支持宝宝的独立要求，这样宝宝就能够建立自我肯定情感，否则宝宝就会形成遇事退缩的习惯。另外，因为自我意识的觉醒，宝宝不喜欢大人命令自己，如果爸爸妈妈总是如此，那么宝宝就会对"命令"厌恶，从而对命令的事件产生厌恶心理和对立情绪。

值得注意的是，2~3 岁宝宝独立性发展水平较低，容易受外界和他人的干扰，改变自己的决定。比如他本来想看图书，但看见别的小朋友在跳格子，就去跳格子了。

一些独立性强的宝宝在活动中敢于发表见解，形成群体中的核心；而独立性差的宝宝不爱发表自己的看法，随波逐流，总当"小跟班"。

所以，父母要根据宝宝的独立表现，加以引导，让宝宝坚持自己的观点，敢于发表自己的看法。

现在我们从具体方面，介绍如何对宝宝进行独立性教育：

抓住 2～3 岁的独立关键时期

父母要根据孩子独立性的表现，抓住 2～3 岁这个关键时期，因势利导地培养其生活自理能力。"自己的事自己做"，包括用杯喝水、用勺吃饭、小便、穿鞋袜、收拾玩具等。若错过时机，形成依赖和懒惰的习惯，改正就难了。

对孩子要放手，不要过度保护孩子

让孩子在她生活的小范围内自理，这样孩子就能够在自理中找到独立意识。比如孩子刚学走路时，跌倒了，让她自己爬起来。

在欧美国家，父母非常重视孩子独立性的培养，推崇"个人奋斗"，而不是依赖父母和其他人，他们主张从小就培养孩子的独立意识。孩子一出生就让他独宿一室，极少与父母同住。

平等对待孩子

心理学家认为孩子受到父母应有尊重时，大多非常喜欢与父母合作，待人友善，懂礼貌，举止大方，自我独立意识强。所以，父母在进行独立性教育时要认真听孩子讲话，使孩子感到你在尊重他，千万不要当众斥责孩子"不争气"、"笨蛋"、"没出息"等，这样会深深伤害孩子的自尊心。

不要把自己的观点强加给孩子

解决一个问题的方式有很多种，当你的宝宝使用了笨拙的方式，此时不要横加干涉，也不要把自己的观点和要求强加给宝宝，否则，宝宝就失去了独立解决问题和自我发展的机会。

第十节　宝宝责任心来自父母的信任

在家里，孩子绊倒了，母亲对宝宝说"凳子是个坏坏"；吃饭时，孩子把碗碰翻了，妈妈怪自己没放好；宝宝早晨起床去幼儿园，妈妈叫了宝宝好多次……这些错误方式，始于父母的不信任，不信任给了宝宝推卸责任的机会。但是，这对宝宝的危害是很大的，因为一个不懂得承担责任的人是不会有任何出息的！

所以，为了培养宝宝的责任心，必须信任他们。有个爸爸是这样给予自己宝宝信任的，而宝宝也乖乖地为爸爸承担了自己的责任。

这位爸爸的女儿 3 岁多，每天为穿衣戴帽的事耍赖。早晨上幼儿园，越怕迟到，她就越磨蹭、耍赖。爸爸对女儿"教育"多次，但就是收效甚微。

一天，爸爸值了夜班。早晨，怕女儿耍赖不起床，所以提前打了电话："宝宝，你现在起床了吗？"女儿在电话中哼哼了两声。爸爸猜到宝宝没有起，说道："宝宝今天快起来，爸爸一回家送你到幼儿园。不要等到爸爸回去，为你穿衣服哦。宝宝能做到吗？"女儿认真地回答："能做到。"爸爸怕宝宝说了之后又耍赖，于是强调道："爸爸晚上值夜班，白天还要上班。宝宝要是不穿衣服，爸爸上班就要迟到了，迟到了，爸爸就要被批评了。"女儿听了，很坚定地回答："爸爸，我决不让你挨批评，等你回到家我一定穿好衣裤。"

当爸爸到家时，女儿果然衣装整齐。爸爸高兴地抱起女儿："宝宝果真守信用，有责任心。如果宝宝天天这样做，方便了自己，也解放了爸爸。宝宝可以坚持下去吗？"女儿很高兴地回答："能！不想因为我，让爸爸挨批评。""好，那爸爸就看你以后的行动了！"

后来女儿果然遵守了诺言，因为有了一份责任——不让爸爸挨批评，从此再也没为穿衣戴帽的事儿耍赖了。究其原因是因为爸爸给了女儿充分的信任。

一位儿童教育学家说："孩子都是好孩子，就看你怎样引导他。没有不称职的孩子，只有不称职的父母。"因此，培养孩子的责任心，父母首先要懂得自己所担负的在品质和人格方面的教育责任，给与孩子充分的信任。

信任体现在生活的每个细节，从语言到行动，下面是一组美国著名儿童心理学家列举的父母不信任孩子的语言，这些语言对孩子的责任心打击很大，父母要禁用：

笨笨，这几句都说不好！

叫你不要做，你还要做，真是不听话！

不要强词夺理，我不会听你狡辩！

我说不行就不行！不要顶嘴！

你再不好好睡觉，妈妈就不爱你了！

宝宝，求你快过来吃饭！

只要你把玩具收拾好，我就带你吃麦当劳。

这个水平，还说是很好的帮了妈妈？

说这些话时，父母根本没有给予宝宝任何信心，有的还大大打击了宝宝的信心，所以宝宝也就不会配合父母，完成自己应有的责任了。

另外，在行为上，培养宝宝责任心时，主要从以下几个方面入手：

据年龄有所侧重地培养

2岁左右的宝宝：教她学习收拾玩具，父母开始可以示范，然后让宝宝进行学习，在这个过程中告诉宝宝，玩具是她的，所以她要把自己的玩具管理好，摆放到固定地方。

3岁的宝宝：父母先做示范，然后分配宝宝整理自己的睡具，告诉宝宝这是她的睡觉用品，所以她需要每天将它铺叠整齐。

给孩子立规矩并适当加以提醒

没有规矩，不成方圆，培养宝宝责任心也是如此。通过规矩，宝宝

就知道了该做什么，该怎么做，在履行规矩时，还要告诉孩子为什么这样做。

当然，宝宝不可能一下子全部记住，父母适时适当地加以提醒。宝宝出现错误时，不迁就她，这种方法要持之以恒。

让孩子为自己的行为负责

也许对于孩子不负责任的行为说教是不起作用的，唠叨没完，宝宝可能产生逆反心理。

如果你家宝宝乱丢玩具，后来找不到了，父母也不要理睬宝宝，让她自己寻找，当她生气之后，再和宝宝说，怎样做就不会发生这样的事情了，让宝宝尝尝不负责任的"果子"，吸取教训。

 教女小贴士：现代女宝宝需要什么样的性格

专家曾经对1000名3～10岁的幼儿做过一项调查，结果显示：18%的幼儿具备良好性格，82%的幼儿性格有或多或少的问题，而25.7%的幼儿性格恶劣。这个调查结果让人不得不为这些宝宝的未来担忧。因为，宝宝性格如何，决定了他的一生。

一个宝宝有了良好的性格，才能和周围的人和睦相处，才能在以后的工作中形成良好的人际关系，才能在事业上有所成就。宝宝的优良性格是早期奠定的，0～3岁是宝宝性格形成的重要时期。心理学家认为，当今社会中，在宝宝早期培养中要注意以下几个性格的养成。

独立精神

心理学告诉我们：当宝宝学会了走，他就乐意走来走去，帮大人拿东西，一旦学会了用勺子去盛饭，他就不断地去练习这一技能，这就是培养宝宝独立的良好习惯的时机。爸爸妈妈此时不要对宝宝娇惯，否则宝宝长大后独立性就比较差，总是依赖别人。

富有同情心

大多数宝宝对于有生命的动物所遭受的痛苦是很敏感的。如果一个家庭经常关心他人，那么，自然会在孩子幼小的心灵中播下同情的种子。如果爸爸妈妈没有给予宝宝足够的关爱，树立同情他人的榜样，宝宝长大后，就会成为冷漠无情的人，缺乏人情味，人格也不会健全。

作为孩子的第一任教师，爸爸妈妈一定要善于诱导孩子，在孩子幼小的心灵里播下同情的种子，使她勇于帮助他人，帮助别人减轻痛苦，只有这样，宝宝遇到困难时，才会得到别人的帮助。

要有强烈自信心

要想使孩子健康成长，成就一番事业，必须培养其坚定的自信心。一个人有了强烈的自信心，才有可能战胜困难。婴幼儿的勇敢自信主要表现在不怕黑暗、鬼怪、孤独、小动物、陌生人和陌生环境等。要做到这一点，父母首先要尽可能地早发现孩子的天资和才能，有意识地去引导他们，当宝宝成功做成了一件事情，爸爸妈妈要给予宝宝鼓励，强化宝宝的自信。

专注的精神

宝宝因为注意力时间比较短，所以，专注能力就比较差。但是不能安静专注的人难以成就大事，所以，在后天培养上，家长一定要注意培养宝宝的专注能力。

专注的宝宝，即使是玩也能玩得专心，全身心地投入在玩耍中，得到最大的快乐和收获。而不能专注的孩子，该静时静不下来，注意力分散，"玩野"之后再去纠正就很困难了，智力发展也会受到严重影响。所以，在宝宝游戏时，不要打扰她，只有全心全意去玩的宝宝才能全心全意去做别的事情。

要有饱满的热情

一个人如果缺乏热情，任何事业都不能成功。热情，对大多数宝宝来说，都是生而有之的，他们对大自然、对各种新鲜事物、对社会的各种现象都有与生俱来的好奇心，他们喜欢问爸爸妈妈一些莫名其妙的问题，而这正是对外界热情的体现。但是有些爸爸妈妈总是认为宝宝是无理取闹，非但不给予宝宝答案，还给宝宝泼冷水，这就泯灭了宝宝脆弱的热情。结果，也就把宝宝未来的成功"消灭"了。

所以，爸爸妈妈要从孩子的角度出发，鼓励孩子多进行探索，保护宝宝的这种与生俱来的热情，千万不要随意伤害它。

开朗乐观

开朗乐观的宝宝爱笑不爱哭，无忧无虑，他们活泼不只是好动，更不等同于吵闹，他们经常微笑；能歌善舞；喜欢提问、讨论、争论、识字和读书……在任何时候，宝宝都能够对生活充满乐观的情绪，这是最为难能可贵的性格。长大之后，他们在黑暗中看到光明，敢于迎接挑战，成功也就更加倾向于他们。

第三章

高情商，女儿一生的财富

　　人们总愿意用"柔情似水"来形容女人，因为有"情"，女人才水润起来，才有了善解人意、贴心知暖。不过，女人的这些"情"可不是一朝形成的，女孩只有出生之后就浸泡在父母的亲情里，才能得到一生幸福的种子。

第十一节　情商，女孩的生命线

在全球每天超过 36 万名降生的宝宝中，每位宝宝的父母都想从自己孩子身上看到莎士比亚或是爱因斯坦的潜质。但是，很遗憾，几百或者几千年以来，莎士比亚和爱因斯坦只有一个。或许，父母要从另一个方面看看自己宝宝的幸福——情商。

美国华盛顿大学医学院的儿童发育专家斯坦利格林斯潘教授指出："从某种意义上讲，情商甚至比智商更重要，因为随着未来社会的多元化和融合度日益提高，较高的情商将有助于每个人获得成功。"因为当人们面对挫折、失败和危险的时候，仅靠理智是不足以解决问题的，它还需要情感来作为引导。

关于情商的作用，从美国心理学家的成功方程式中可以更加明晰地看出来：20% 的 IQ + 80% 的 EQ = 100% 的成功。占据着人类精神世界核心地位的情商，在危急时刻，更能凸显它对成功的主导作用。而那些情商低的人，经常会因为不理智而造成失败事件，因为愤怒"爆炒"老板；因为嫉妒让自己和别人都受伤……

由于情商的发育对婴儿长大成人后在人际交往和工作中取得成就起着重要的作用，因此，作为父母，不能忽视宝宝情商的发展，相对男宝宝来说，情商高的女宝宝幸福的意味更强。情商高的女宝宝长大后成为高情商的女人，那就是她一生丢不掉的幸福。

高情商的女孩，为人处世，外向而愉快，融洽的人际关系可以在关键时刻助她们一臂之力，并且她们还会因此带来满足感和幸福感。情商低的女孩，人际关系一般都非常糟糕，她们不懂说话的技巧和策略，没有什么朋友，自然也经常感到生活的空虚和寂寞，没有幸福感。

现在我们从下面几个方面来分析情商对于女性的作用：

行动才是真理

高情商的女人，她们懂得假如不去尝试，就永远实现不了自己的目

标。所以高情商的女人很少需要先调整好自己的情绪，再认真去做工作。她们不管情绪如何，总是坚持正常工作，她们努力培养自己"坐下来"的能力，使自己置身于一个最可能取得成功的环境之中。

热忱的力量

我们看过不少杰出的天才在失败的边缘徘徊，很大原因是因为他们情商不高。高情商女人也许不是人群中最聪明的，但都是热忱而顽强的人，对成功而言，并不是必须要有很高的智商。

积极的力量

高情商的女人经常对别人微笑，自然也得到别人微笑的回报。她们对事态的认识往往是积极乐观的，这让她们不遗余力地去为之奋斗，当结果出现，她们也会给予积极的评论，正确的认知，所以，和高情商的女人在一起，别人也会感到愉快。这为高情商的女人提供了广阔的人脉。

所以，为了宝宝女儿一生的幸福，为她建造情商的生命线吧！

第十二节　幸福感——宝宝高情商的胚胎

你知道自己的宝宝幸福吗？也许你会说，我给我的宝宝买了最新的动画，买了漂亮的衣服，买了她想要的芭比娃娃……但是，或许你的宝宝并不会因此而感到幸福。因为你的宝宝总是会和你吵闹要新的玩具，不让你去安心的做事，甚至打个电话，宝宝都要从中阻拦……这样的宝宝一点儿都不幸福。

给宝宝幸福说起来很简单，但真正的幸福有着深刻的内容。宝宝拥有的幸福感，是宝宝一生受用的财富。因为当宝宝拥有了幸福感，宝宝才会拥有自信、乐观、有控制世界的感觉，随之而来的还有宝宝潜能的发掘。

所有的宝宝都喜欢被善待、喜欢长大、需要小小的惊喜刺激他的感受。这种感受就是幸福感，它与物质享受无关，真正的幸福有着深刻的内容，它能让宝宝的精神与世界融合。心理学研究表明，在每个孩子成长的过程中，都需要建立两个幸福感："首要幸福感"和"次要幸福感"。

0～3岁是建立宝宝首要幸福感的关键时期。首要幸福感的完全建立是在3岁左右。3岁前，宝宝需要父母经常地向自己用语言和行动来表达爱，以达到宝宝确认父母对自己完全爱的确证，坚信父母永远无条件地爱自己。

宝宝首要幸福感确立后终身不会发生变化，即使父母不在身边，宝宝也能感觉到他们的爱。如果宝宝首要幸福感牢固的话，她的快乐不会被日常生活高低起伏所左右。而当宝宝长大后遇到挫折困难时，也不会丧失自信心或一蹶不振。

宝宝次要幸福感也是从出生就开始了，但是延续时间很长。它是指宝宝在日常生活中所获取的快乐，比如搭积木、过家家、拉小提琴、玩儿篮球等。

值得注意的是，宝宝首要幸福感不牢固，次要幸福感也很难健全。一个孩子如果没有牢固的首要幸福感，她就会把快乐过度依赖于外在的"成就"：是否马上得到自己想要的玩具、食品，妈妈是不是在身边，而长大后她会依赖于考试成绩是否好、老师是不是喜欢我、我是不是得到老板的赏识、同事是不是喜欢我、这次提拔有没有我、比赛是否能得大奖等。

由此可见，给予宝宝幸福感不是简单的玩具、衣服和食品，如果父母用这些来代替宝宝的幸福感，那么宝宝也就依赖了这些外在的东西。

那么，家长怎么培养宝宝的幸福感呢？

研究表明，下面一些方式都可以给宝宝带来不尽的快乐，提升宝宝的幸福感：

让宝宝无拘无束地体验成功；

教宝宝学习关心、帮助别人；

让她和别的小朋友一起玩；

给她讲笑话，让艺术走进宝宝的心灵；

对宝宝微笑，认真聆听宝宝的诉说；

教宝宝自己解决问题；

教她学会面对失望；

给宝宝展现自己的机会；

教宝宝学会鉴赏她拥有的一切；

适当给宝宝赞扬；

偶尔对宝宝退让，允许她有厌倦情绪；

延迟满足，让宝宝学会等待幸福，比如，宝宝看见别的小朋友有一个奥特曼的玩具，也想要妈妈去买。妈妈可以告诉宝宝："宝宝，你看今天妈妈没带钱，等明天，妈妈一定带钱给你买（一岁内的不使用）。"

让宝宝不受时间限制地去接受自然，比如，捉萤火虫、玩泥巴、堆雪人、看蜘蛛织网、蚂蚁搬家……

第十三节　爱心培养，让孩子懂得关心别人

离园时，突然下起了倾盆大雨。过了一段时间，孩子们陆陆续续被爸爸妈妈接走了，教室里只剩下辛辛。不过，不久，辛辛爸爸湿漉漉的身影出现在教室门口。辛辛看到爸爸，没有像往常一样蹦蹦跳跳地跑过去，而是自己撅着小嘴在一边生气。爸爸耐心地解释："辛辛，真是对不起，突然下雨了，爸爸没带伞，回去拿，所以……"没等爸爸说完，辛辛就叫起来："你不会看天吗？其他小朋友的爸爸妈妈怎么不晚来呢，就是你错了！"

看到湿淋淋的爸爸，辛辛有的只是抱怨，一点都没有心疼浑身湿透的爸爸。辛辛这种表现就是"爱心缺乏症"的主要特点，这个症状的其他特点还有：总是"喂、喂、喂"地与人打招呼；对爷爷奶奶不高兴就威胁、要挟；对其他小朋友的困难毫不关心；别人照顾自己非但不感谢还埋怨别人照顾不周；有时接受帮助时嘴里说"谢谢"，心里却认为本该如此……

那么，是什么让原本可爱的小宝宝变成了这样没有"爱心"的小魔女？关键是父母早期教育的失败，因为现在大多家里都只有一个宝宝，天是她的，地是她的，没有兄弟姐妹分享父母的爱、分享事物、分享空间、分享玩具、分享一切学习的机会，自然她也就缺乏和兄弟姐妹合作做事和关心他人的机会。家长稍不留神，对宝宝的爱就成了"溺爱"，让宝宝成为"爱心缺乏症"的小患者。

另外，许多家长并不觉得0~3岁的宝宝应该有什么爱心，他们认为宝宝还小，长大了自然会关爱别人，这也是宝宝缺乏爱心教育的重要原因。其实，一个人"爱"的萌芽从小就应该培养，而当一个人心智长成之后，"爱"的教育就很难实现了。现在，许多父母总是把开发宝宝的智力放在及其重要的方面，其实相对教会宝宝善良和爱，智力开发是其次的和简单的，因为一个人无论再聪明、再成功，没有爱的能力，他的生命依然是苍白的。对于女宝宝这种爱心培养更加重要，我们总会听到人们用不幸来评价一些女强人：虽然有自己的公司，但是年纪轻轻就离了几次婚，孩子见到她从来不愿亲近；人很漂亮，也有能力，但是就是找不到对象；有能力，但是很少回家安慰一下她的爸爸妈妈，即使她的爷爷奶奶去世也没有回来看过……

所以，对于宝宝的早期教育，"爱心"教育是一个相当重要的方面。每个小宝宝应该有爱自己、爱父母、爱亲人、爱社会、爱大自然的能力，只有当他们拥有这些能力时，他们的世界才是完整的，在这个世界上活着才是充实和有意义的。

现在，我们具体谈谈0~3岁宝宝爱心的培养。

给宝宝做关心别人的榜样

言传身教，宝宝从父母那里得到认识世界的第一步，父母就是最好的榜样。

爸爸妈妈对家中老人关心爱护，生病了悉心陪伴照顾，宝宝很自然地就处处想到关心人。这样父母教育下的宝宝会不由自主地关心父母和家人。如果你给宝宝树立这样的榜样，那么当你生病躺在床上，你的宝

宝就会跑到你的身边，安慰你："妈妈（爸爸），我讲故事给您听……"到了吃饭的时候，她还会三番五次地跑到厨房对爸爸（妈妈）说："爸爸（妈妈），妈妈（爸爸）病了，给妈妈（爸爸）烧好一点的菜好吗？"当你的宝宝这样关心你的时候，想必你也是万分的欣慰了。

当然，父母还要教宝宝关心邻里，如帮助叔叔阿姨拾起掉在地上的东西，等等。

让宝宝与家人分享食物、分享快乐

如果在家里每次分苹果，爷爷都婉言拒绝，并添上一句"爷爷牙齿不好，囡囡自己吃"。那么，再分苹果孙女分到爷爷时就会转身跑开，嘴里还会叨咕"爷爷的牙齿坏了"。其实这样是不对的，因为家长给予宝宝的是不去和别人分享，时间长了，宝宝自然也就不会分享了。作为父母，不应该只是"无私"付出爱，还要让宝宝知道要懂得感谢大人。

所以，吃晚饭时，宝宝喝奶，大人吃饭，一家人可以一起吃。当宝宝可以吃普通的食物时，更应该一家人一起分享食物。如果宝宝力所能及，宝宝可以自己吃东西，这样她吃饭的压力不大，就能体会到家人分享食物的那种浓浓亲情了。

让宝宝学习分担家务，相互照顾

父母要给宝宝从小为别人服务的机会。家长要允许宝宝做些力所能及的家务，比如妈妈晾衣服的时候递一下；家庭搞卫生的时候，收拾一下鞋子、袜子和玩具；吃饭时帮忙摆筷子……只要宝宝能做到的，家长都可以让宝宝去实践，勤快有爱心的宝宝是培养出来的。

带宝宝感悟自然，爱护自然

有个叫莉莉的顽皮小宝宝，刚刚两岁多就学会了爱憎分明。她经常与笑笑一起玩，一次在广场上喂鸽子，笑笑被一只小鸽子啄了手，吓得哭起来。莉莉就怀着"深仇大恨"去追赶鸽子，因为不知道啄笑笑的那只鸽子跑到哪里去了，所以她就追赶所有的鸽子。刹那间，广场的鸽子"狂飞乱舞"起来。

莉莉妈妈赶紧问清情况，对莉莉说："笑笑、莉莉和广场上的叔叔阿姨都喜欢鸽子。其实，被鸽子啄到没有大碍，只要吹吹就好了。但是如果去撵鸽子，就是不爱小动物了。"

从自然中，宝宝可以学到许多东西，家长教会宝宝爱惜一草一木，爱护自然，是培养宝宝爱心及其重要的方面。平时，家长可以在自己的阳台上，种上一些植物，每天告诉宝宝要给它们浇水、施肥，长时间离开还要找亲戚朋友帮忙照顾，这些细节都可以帮助宝宝理解什么是爱惜植物。

拓展的交往范围，培养表达爱心的能力

把宝宝放在家里是培养不出真正的爱心的。作为家里的"弱势群体"，大人总是不知不觉地让着孩子。所以带宝宝出去，让她和同龄小朋友交往，这样，宝宝在没有"特权"和"优惠"的情境下，爱心培养就会大大提高。并且家长还可以针对宝宝"没有爱心"进行适当的教育，比如让宝宝拿出自己喜爱的玩具和其他小朋友一起玩，共享自己的玩具。

如果，宝宝的同学病了，方便的话，家长还可以带着宝宝和小物品去看望邻居的宝宝，让孩子学会关心他人。

第十四节　宝宝再小，也有自尊心和自我意识

许多父母自认为宝宝没有什么隐私，在家人面前也没有秘密可言，也没有什么自尊心或是面子。于是许多带孩子出门的爸爸妈妈遇到了同事、朋友，总会无所顾忌地当着女儿的面和别人数落自己孩子的不是。

"我们家孩子康康特别不听话！""我这女儿，看见吃的就没命吃，长大了不知道会胖成什么样子，真担心没人要她。""就没有像我家莉

莉这样不懂事的孩子!"……也许大人只是出于自谦或者一时没注意而说了宝宝"坏话",但是这对宝宝来说却是一种很大的伤害,因为宝宝虽小也有自尊心,也会爱面子。这一点,女宝宝反映更是强烈。下面讲的是一个爱面子的小姑娘:

佳佳尿床了,妈妈因为整理床铺、换洗衣服,送佳佳上幼儿园就迟到了。说明迟到原因时,妈妈如实的把佳佳尿床的事情告诉了老师。当时,幼儿园的其他小朋友也在场,佳佳觉得自己尿床的事大家都知道了,很丢脸,心里埋怨妈妈不该把这件事讲出来,气得小脸都红了。

其实,宝宝爱面子是一种正常而健康的心理状态。它意味着宝宝的自我意识和自尊心的觉醒,而这两点对于健全的人格来说都是非常重要的。

与男宝宝相比,女宝宝的自我意识和自尊心要敏感得多,当她被父母"伤害"后,她的反应要比男孩强烈得多。所以,有些父母会发现自己的女儿比男宝宝还不听话,还难管。其实,不是女孩子不听话,而是家长对女宝宝的自尊心和自我意识的"伤害"才造成她的脾气大,不合作。

下面我们就宝宝自尊和自我意识进行单独介绍。

宝宝自尊指的是宝宝尊重自己,相信自身的价值。自尊心高的宝宝,表现积极,与人和睦相处,具有良好的创造性。自尊心低的宝宝,时时感到没有人爱他们,十分悲哀,如果自尊心过低还会走向极端,比如,平时比较顽皮的宝宝会出现自暴自弃,性格逆反的现象,甚至对父母产生憎恨、反抗心理。另一方面,对自己要求比较严格的宝宝因为长期得不到父母的肯定而心怀犹疑,变得自卑起来。

宝宝"自我"意识,指的是宝宝依据周围环境发展而形成的有关自己的情感和态度。而一个"健康的自我"对宝宝来说是受益终身的,他们会意识到自己在这个世界上是有价值、有力量、有能力、有位置、有用处和必不可少的。

宝宝自我的认识过程,大致包括下面三个问题。

1. 我是谁?

宝宝回答这个问题，需要有意识地了解自己。包括，自己的身体、优缺点、兴趣、爱好，了解自己生活圈子里的父母、教师、同伴等。

2. 我是什么样的孩子？

宝宝在这个阶段会逐渐明白"原来我是这样的"。但他们能否正确地认识自己、接受自己，在很大程度上受成人和同伴的影响。

3. 我往何处去？

这个阶段宝宝对目标和计划也有了模糊和朦胧的意识，并对自己将来要做什么，想有什么成就等问题开始有了兴趣。比如，宝宝说以后我想成为画家，以后我要去造飞机……

当宝宝顺利的经历以上对自我认识，就会树立起自尊心、自信心、客观的自我知觉、积极的自我意向与公正的自我评价，人格也就健全起来。相反，如果在这个过程中，他们经历的是过度的打击，就会出现自卑感、丢失基本的自尊与自信，最后会导致自我知觉失真、自我意向消极、自我评价不公，从而使得人格的发展陷入混乱状态。

所以，这个过程中，父母和老师要给予宝宝应有的自我权力，保护好他的自尊心。儿童心理发展研究发现：2岁半左右的宝宝开始有羞耻感，3岁的宝宝会有一些不愿意让别人知道的小秘密，4岁以后的宝宝就会有越来越多不希望别人知道的事情。

而这些都是宝宝在成长过程中正常的心理现象。只有家长顺应宝宝的心理发展，如面子、自尊、赞美等，才会培育出一个自爱、自强、自立的人格健康的宝宝。

那么具体来说，对于女宝宝爸爸妈妈应该怎样保护她的幼小心灵呢？

尊重宝宝的隐私

尊重和保护宝宝的隐私，从根本上来说，就是要尊重和保护宝宝的自尊心。

对宝宝而言，她不想让别人知道的秘密就是个人隐私，例如宝宝身上隐藏的缺陷、某次活动出了洋相、因为不听话被惩罚等事情。要是你

经常对别人提及宝宝这些"过去"，宝宝会觉得这是在揭她的短处。

家长在尊重宝宝隐私的同时也要培养宝宝的隐私意识，让她知道什么事情是可以让别人知道的，哪些事情只能自己和爸爸妈妈知道。将隐私具体化，宝宝就知道了这些隐私自己不能透露。

另外，父母还可以创造他的隐私空间，比如，与宝宝分床睡，宝宝稍大一点为她设立单人房间。

批评孩子要注意场合和方式

女宝宝的面子十分重要。如果你总爱摆起一副"老子教儿子天经地义"的态度去教训批评她，那么她的自尊心会深受打击，自我得不到肯定，人格也就会出现问题。所以，当女儿有缺点错误时，不要轻易打骂训斥，而是要告诉她哪些地方错了，怎样去改正。通过温和的引导方式，让宝宝意识到自己的错误和不足。

当有外人在场时，家长批评要特别小心，因为这时的女宝宝更加敏感。如果你不注意的话，"批评孩子什么样，孩子往往就变成什么样"。比如，爸爸当着叔叔的面说"你怎么这么笨!"本来聪明的女儿也会真变笨。

宝宝的优点要去肯定

孩子"坏"时希望受到注意，孩子"好"时希望得到赞同，对孩子的优点家长要给予恰如其分的肯定，肯定孩子就是一种尊重，一种自我价值提升的机会。

女宝宝相对男宝宝来说，她们的优点似乎要更多一些，比如她会自己去叠纸、画画、给自己的洋娃娃讲故事，当看到女儿的优秀表现，父母就不要吝啬自己的夸奖了。其实，平日里父母的一句夸奖、一个赞赏的微笑，一个轻轻的抚摸是很好的肯定方式，为孩子小小的心里埋下自信乐观的种子。

当女儿得到赞赏肯定时，她会更加信任父母。当有事情发生时，女儿也会及时和父母沟通，将事情很好地解决。值得注意的是，鼓励肯定的话不适合在大庭广众的场合下对女儿说太多，这样很容易让她产生骄傲自满的心理。

第十五节　让宝宝感受忍耐后的成功

"妈妈，我现在就要我的礼物，我不想等啦!"当宝宝女儿这样对你说的时候，也许你只是觉得她不过有些任性罢了，但是事情可能不像你想的那么简单。如果你再进行观察，还会发现她有这样一些特点：

做事有始无终，玩玩具，拿拿这个，碰碰那个，不知道要玩哪个；

情绪不稳定，变化无常，经常容易哭，易激动，很难想到她会干什么；

坐立不安，吃饭、看电视时爱动，一会儿站着，一会儿坐着；

咬手指甲，神经敏感、神经质或经常感到不安；

冲动，做事前不思考，经常和别的小宝宝打架、争吵；

经常打碎朋友或家里的物品；

生气时会骂人，还会说一些伤人的话；

不能满足自己的愿望时就打滚耍赖，或者不满意就哭哭啼啼地闹。

当你的宝宝出现这些现象时，她就需要进行耐性训练了，因为没有耐性，宝宝会出现这样三个倾向——

注意力低下倾向：

宝宝没有耐性，做事时注意力低下、散漫，做事也不会持久。我们从宝宝玩玩具三心二意，可以预测她以后进行美术、书法等学习时，很难坚持下去。

暴力性：

缺乏耐性的宝宝最大特征就是，当她做不愿做的事或得不到想要的东西时，就失控地尖叫、骂人或打小朋友。

依赖性：

宝宝碰到稍陌生或困难的问题，就会向别人请教，意志力也因此而十分薄弱。

所以，为了避免宝宝产生上述倾向，父母一定要提升宝宝的耐性。训练宝宝的忍耐，父母首先要知道，宝宝的耐性不是与生俱来的，而是教育得到的。

而在训练宝宝耐性过程中，首先要宝宝获得两种重要的智力技能：估量、理解时间的能力和领会因果的能力。另外，她还要学会忍受挫折的能力和延迟满足的能力。这些技能相互作用后，宝宝的忍耐能力才能得到提高。比如，宝宝学会了忍受一些挫折，延迟满足就相应简单许多。

下面我们针对 0～3 岁宝宝的特点进行耐性训练：

0～1 岁的宝宝

1 岁之内的宝宝耐性训练要控制在 1 分钟。因为他们太小了，父母要尽量满足他们的生理及心理的需要。

训练：捡玩具

因为这个年龄段的宝宝喜欢扔东西。当玩具扔出去，她又够不到时，宝宝就会大喊大叫，让爸爸妈妈来帮忙。父母可以边对宝宝说"等一等"边去去捡玩具，这样可以分散宝宝的注意力，当玩具拿到手之后再停顿几秒后递给宝宝。

1 岁～1 岁半

这时期宝宝的忍耐力很小，因为这对他们的生存来说不仅正常而且必要。值得注意的是，这时的宝宝忍耐只能等待两三分钟。如果不及时地满足她的需要，她就会逐渐升级，并且她学到的忍耐会完全消失，因为她已经不相信忍耐可以得到满足了。

在教宝宝忍耐时，要对她说话。如果当她听到你的说话声，就会停止烦躁，表明了宝宝已经懂得你的说话声，并且是她得到满足的一种前兆，这可以帮助宝宝学会延迟满足。

训练：等待妈妈"吃苹果"

带 1 岁的宝宝去楼下散步前，妈妈可以拿出一个苹果说："宝宝等一下，妈妈吃完半个苹果就和你下去散步了。"在这个过程中，妈妈可以邀请宝宝也吃一点，并且和她谈谈下楼会见到什么，让宝宝感受到等待中的乐趣。

1 岁半～3 岁

强烈的自我中心是这个年龄段的宝宝健康和正常的特点。这时宝宝已经会用语言向你单刀直入地发布"命令"了，并且会常常显得毫不讲理。她才不会去理解为什么你不立即听从她的命令。

因为这个时期，宝宝已经可以去理解东西了，所以，你可以讲给宝宝一些期望、忍耐并最终满足的故事。宝宝在听故事时会逐渐明白：有些事情是值得等待的。

训练：唱个儿歌，妈妈就过来

当宝宝要你过来给她讲故事时，你可以对宝宝说："给妈妈念一念'小蜗牛'的儿歌，你念完'小蜗牛'，妈妈就过来给你讲故事。"

值得注意的一点是，在教育宝宝学会忍耐的过程中，爸爸妈妈要自己学会忍耐。

第十六节　0～3 岁期间全面培育高情商小公主

一套可实施的培育方案，对于女儿情商的培养十分重要。下面是 0～3 岁情商培养方案的分期总结，父母可以根据自己宝宝的特点进行相应的情感培养教育。

在培养宝宝情商的过程中，家长要注意以下几个原则：智商、情商双发展；快乐教育；顺应生长特点；针对个性培养；在游戏中寓教于乐。

0～1 个月宝宝计划

情感发育特点：

其一，宝宝看到人脸时活动减少；

其二，宝宝被抱起，和宝宝对话，她会表现很安静；

其三，听见妈妈呼唤后会安静。

教育方式：

宝宝出生后 6～12 小时内，进行一个小时的爱抚；

对宝宝说话，虽然宝宝可能听不懂；

逗宝宝；

每天抚摩宝宝皮肤 5~6 次，每次 3~5 分钟；

出生半个月，培养宝宝定时大小便。

宝宝游戏：

妈妈露脸

具体操作方法：妈妈把脸慢慢靠近孩子，待双方相距 20 厘米时慢慢离去。每次 10 秒，在进行时，告诉宝宝，这是妈妈的脸。当宝宝习惯后，可换爸爸等其他人，还可以换用大图片。

这个游戏可以培养亲子关系。

捕捉红光

具体操作方法：在宝宝眼前 20 厘米处，前后和左右每秒 8 厘米慢慢移动红布包住的手电（不可强光直接照射）。每次 1~2 分钟，每两天一次。这个游戏可以训练宝宝运动协调能力，培养宝宝耐力和注意力，在宝宝出生 15 天后进行。

音乐旋转玩具

这个游戏可以让宝宝愉悦情感，激发好奇心。注意玩具不要离宝宝头部太近。

2 个月宝宝计划

情感发育特点：

其一，看到爸爸妈妈的脸会笑；

其二，逗宝宝时，宝宝会出现动嘴巴、伸舌头、微笑和摆动身体等动作；

其三，短时间喂奶停顿，宝宝不会哭闹；

其四，喜欢听柔和的声音。

教育方式：

半夜醒来吃奶不要开灯，让宝宝培养睡觉习惯；

屋内挂一些风景动物等彩图；

洗澡后穿好衣服让宝宝侧睡，为以后翻身做准备；

让宝宝看你的口型学习说话。

宝宝游戏：

看球球

具体做法：在宝宝小床上方 70 厘米处，挂彩色球（玩具也可），注意变化悬挂位置，防止宝宝斜视。这个游戏有助于发展注意力，激发好奇心。

宝宝洗澡

这个游戏有助于满足宝宝依恋感，增加安全感，增强体质。

转头

具体做法：让宝宝俯卧，爸爸或妈妈拿着鲜艳的发声玩具，从宝宝眼前慢慢左右移动，同时说，宝宝玩具在这里，宝宝的头就会左右移动，追随玩具。

这个游戏可以增进亲情关系，还可以增强宝宝颈部力量。

3 个月宝宝计划

情感发育特点：

其一，可以自己微笑迎人，笑出声，见人高兴时会手舞足蹈；

其二，与爸妈咕咕地说话；

其三，哭的时间减少，会用不同的哭声表达不同的情况；

其四，玩自己的手。

教育方式：

让宝宝学习翻身；

可以玩拨浪鼓训练找声源；

注意喂奶时和宝宝说话；

训练发音，此时宝宝可以元音发音了。

宝宝游戏：

远近变换

具体做法：妈妈把宝宝抱坐，爸爸拿一色艳玩具距宝宝一米，看到

后，爸爸慢慢后退说：远了远了。然后再近了近了，也可在睡觉时做高矮移动。这个游戏可以锻炼宝宝目光的执著，培养耐力。

捉手指

具体方法：把手指放到宝宝眼前让他捉，捉到后宝宝会吃。这个游戏可以增强宝宝反应能力，引起愉快情绪。

屈伸双腿

具体做法：每天给宝宝洗澡后，按摩宝宝手脚和躯干，抓住双腿，喊1、2、3、4，做屈伸运动或者举腿，用力不要太大。这个游戏可以满足宝宝依恋感，增加安全感，增强腿部力量。

4 个月宝宝计划

情感发育特点：

其一，会对着镜子微笑发声，并伸手拍打；

其二，随着看护者的情绪变化而变化；

其三，向看护者伸出双手期望被抱；

其四，见陌生人会盯看、躲避，还会哭；

其五，会用衣服遮脸，用小手按摩妈妈的脸。

教育方式：

陪宝宝看彩色图片，每天还可以看 5 分钟卡通片；

教宝宝推不倒翁；

多和宝宝说话，进行交流。

宝宝游戏：

小铃铛

具体方法：在宝宝腕部和踝部分别系一细棉绳加小铃，一听到响，宝宝就会不自觉动手脚。不过要注意安全。这个游戏可以促进宝宝大脑分化，让宝宝高兴。

斗斗飞

具体方法：将宝宝背靠在妈妈怀里坐着，妈妈分别拿着宝宝的左右手，用食指和拇指抓住宝宝的两个食指，教他把两只食指尖对拢、分开。对拢时妈妈说："斗，斗"（每念一次，食指尖对拢一次），分开时说："飞。"多次反复，宝宝听到"斗斗飞"，自己就会对拢和分开食指。这个游戏可以锻炼宝宝手指活动能力，发展语言协调能力。

5 个月宝宝计划

情感发育特点：

有怕羞情绪，怕羞时宝宝会转开脸和身体；

高兴时大笑，睡眠减少，爱玩；

认东西，分辨生人和熟人；

开始做梦；

开始学说话。

教育方式：

教宝宝认玩具，每日 5 次，半个月左右宝宝就认识了；

学习连续两次翻身；

宝宝晚上会因为噩梦惊醒，妈妈抱着宝宝就可以睡了；

学蹦跳；

模仿妈妈发音。

宝宝游戏：

照镜子

抱宝宝看镜子，告诉宝宝，谁是妈妈，谁是宝宝。这个过程中妈妈可以做出各种表情。这个游戏有助于培养自我意识，提高注意力及观察力。

打电话

爸爸妈妈在家里打电话时，可以让宝宝听一听，宝宝会慢慢地兴奋。当然，还可以进行模拟打电话和宝宝交流。这个游戏有助于培养宝宝信心，体验成功的喜悦。

划小船

爸爸妈妈从后面抱住宝宝，做划船动作同时念儿歌。这个游戏可以培养语言敏感度和愉悦情绪。注意说出的儿歌要缓慢清晰有节奏。

6～7个月宝宝计划

情感发育特点：

其一，依恋妈妈和自己的玩具，不喜欢独处和别人拿走她的玩具，会躲避生人；

其二，懂得大人的面部表情，会用哭声、面部表情和姿势动作与人沟通。对大人说"不"有反应，不高兴和被批评会哭；

其三，会伸手要抱抱；

其四，会说爸爸妈妈，打打，丫丫等词汇；

其五，喜欢玩水，看画书，学着大人抱着杯子喝水。

教育方式：

不要阻止宝宝的依恋感，宝宝做错了，要板着脸表示不许，同时给宝宝讲道理；

学习拱手，拍手，点头；

练习独坐和玩骑大马；

练习叫宝宝和爸爸、妈妈的名字；

练习宝宝用小勺吃饭；

养成定点定时大小便习惯。

宝宝游戏：

捉迷藏

体验家人共同生活乐趣。

看图认物（家具）

具体方法：结合图片和实物让宝宝认识物体，一次可认识2～3个，简单要重复。可以培养宝宝观察力和记忆力，体验成功的喜悦。

8～12个月宝宝计划

情感发育特点：

其一，对陌生人表现各种行为，会伸手摸另一个宝宝；

其二，喜欢捉迷藏等交际游戏，会大笑、注视，会再见、欢迎、拍手；

其三，听到表扬会高兴重复刚才的动作。

教育方式：

对于怕生宝宝要进行待人接物的训练，让宝宝多多接触陌生人；

进一步进行吃饭和礼貌训练；

学习坐盆大便。

宝宝游戏：

找声音

具体方法：拿一个小摇铃在远一点地方摇说：听听在哪里？材料可以更换，要重复。这个游戏可以发展宝宝视觉和听觉，培养宝宝注意力。

拉锯

具体方法：拿一条毛巾，妈妈和宝宝对坐各抓一头，轻轻对拉。妈妈同时说儿歌："拉大锯，扯大锯，姥姥家，唱大戏。"这个游戏可以培养自信，发展宝宝腰部和手臂力量。

10~12个月宝宝计划

情感发育特点：

其一，模仿手势，有表情发声；

其二，玩简单游戏，喜欢再见等重复游戏；

其三，不喜欢被抱，独立性增强，喜欢不同方式情感交流；

其四，惊讶，会发笑，准确表示愤怒、害怕、嫉妒、焦急、同情情绪；

其五，以哭引人注意，听从劝阻。

教育方式：

离开宝宝要多次告知宝宝会回来，减少宝宝紧张。

宝宝游戏：

拨珠子

具体方法：妈妈教宝宝拨小珠子。这个游戏可以培养耐心，训练宝宝食指拨动物体能力。

玩色子

具体方法：让宝宝抛色子，然后找出上面的图片和对应的实物，色子的面可以常换，注意及时称赞宝宝。这个游戏有助于培养宝宝观察和分析的能力。

13～15 个月宝宝计划

情感发育特点：

其一，从镜中可以认出自己还会喊出自己的名字；

其二，对陌生人表示惊奇，表情会瞬间变幻；

其三，看到其他人哭会同情，受挫折常发脾气。

宝宝游戏：

变变变

具体方法：把宝宝藏起来，然后爸爸找，可以采用各种方式，熟练后可以按语言提示，也可以让宝宝模仿动物叫声，由远到近。这个游戏有助于增强宝宝愉快体验，加强宝宝和家长的交流。

捉迷藏

可以培养观察和语言技能。

16～18 个月宝宝计划

情感发育特点：

其一，吸手指达到高峰；

其二，喜欢单独玩或看别人游戏，喜欢依附安全的东西；

其三，对突然变化表现情绪不稳定；

其四，可以理解或遵守成人简单行为规范。

宝宝游戏：

喂娃娃吃饭

让宝宝学会关心弱小的孩子。

捉影子

具体方法：爸妈慢慢移动，让宝宝用脚踩影子，根据情况变化增减速度和时间。这个游戏可以培养宝宝观察力和动作灵活性，体验亲情之间的快乐。

19～24 个月宝宝计划

情感发育特点；

其一，爸妈离开房间会沮丧，与父母分离感到恐惧；

其二，对独立完成一些技能感到骄傲；

其三，知道自己的东西不给别人；

其四，交际性增强，会说：请，谢谢，并能较长时间维持某种情绪；

其五，会做事。如，收拾玩具。

教育方法：

要宝宝自己走路，不要因为宝宝耍赖就抱她走，让宝宝自己走完一段计划内的路；

当宝宝玩具被其他小朋友抢走，要告诉宝宝自己去交涉，要回自己的东西。

宝宝游戏：

拿不到玩具

妈妈可以把玩具放到宝宝拿不到的地方，提供尺子等工具让她设法拿到，注意宝宝安全。这个游戏可以培养宝宝抗挫折心理素质。

空中飞人

爸爸可以抓住宝宝，摇摆和晃动，或者抛高，注意宝宝安全，记住宝宝紧张时不能进行！

这个游戏可以培养勇敢精神，增进情感。

25～30 个月宝宝计划

情感发育特点：

其一，有简单是非观念，知道打人不好；

其二，喜欢玩生殖器；

其三，知道自己全名；

其四，与小朋友玩简单角色游戏，会相互模仿；

其五，开始意识到他人情感，讨论自己情感。

宝宝游戏：

开火车

具体方法：爸妈做车头，依次拉住后衣角模仿火车跑，到站等，可以交换角色，可以说一些地名。这个游戏可以锻炼宝宝走和反应能力，帮助宝宝养成遵守规则的习惯。

老鹰捉小鸡

这个游戏可以培养宝宝反应能力。

31～36 个月宝宝计划

情感发育特点：

其一，有性别意识；

其二，可以和小朋友分享同一件事；

其三，知道有些事情需要等待，但没有耐心；

其四，自己会上床睡觉，害怕黑和动物；

其五，脾气减弱，但是会嫉妒较强的小朋友；

其六，会努力隐瞒自己感情，成功表现为积极，失败表现为消极。

宝宝游戏：

木头人

这个游戏可以培养宝宝的耐力和毅力，并学会控制自己。

配瓶盖

具体方法：将不同种类的空瓶子盖子全部拧下来，打乱，让宝宝分别拧好，注意瓶子要干净、安全。这个游戏可以锻炼手指灵活性，培养孩子观察力。

 教女小贴士：高情商宝宝的特点

情商是一个人对自己和对他人情绪的认知和控制能力商数。情商高的人能够控制自己的感情冲动，不求一时的痛快和满足；懂得如何激发自己不断努力；能够融洽的与人相处，这样的人能正确地面对人生遇到的荣辱成败。因为情商在人生中的重要作用，所以越来越多的父母想知道自己宝宝的情商是怎样的。

现在虽然没有专门测量情商的仪器，但是，从某些方面你可以观察自己的宝宝是不是情商很高：

自信心强：

信心是情商的重要内容，由于信心是成功的必要条件，所以，宝宝自信心强的话，情商也就相应的提高。

好奇心强：

如果你的宝宝对许多事物都感兴趣，想弄个明白，那么你不要嫌她问题多，因为这正是宝宝高情商的重要特征，由于好奇心很容易受到家长"伤害"，所以家长对待宝宝好奇时一定要十分注意，不要打击宝宝探索世界的积极性。

自制力强：

自制力强的宝宝善于控制和支配自己行动的能力，比如善于迫使自己去完成应当完成的任务；善于抑制自己不做不应该做的事情。

好的人际关系：

宝宝能够与其他人友好相处，并在相处中体会到愉悦，并且用十分积极的态度和体验交往中的事情，如果宝宝和其他小朋友相处后，觉得厌恶、失败，并破坏其他小朋友的相处，那么说明宝宝的人际关系不好。

同情心强：

同情心强的宝宝可以与别人的宝宝情感上发生共鸣，这是宝宝爱人、爱物的基础。

良好的情绪：

许多研究和事实也都表明，良好的情绪是影响人生成就的一大因素。情商高的宝宝活泼开朗，对人热情、诚恳，经常保持愉快，当然，好情绪的宝宝也是别人喜欢与她交流的重要原因。

如果你的宝宝具有上面一些特点，那么就要恭喜你了，因为你有了

一个高情商的宝宝，当然，如果你的宝宝这些特点不强，那么也不要灰心，大多数的专家认为，一个人的情商要比其他智力因素更容易被环境影响和塑造。

尤其是在宝宝婴幼儿期，环境对于上面这些情商因素影响是不容忽视的。因此，爸爸妈妈完全可以在情商教育这方面努力，把自己的宝宝情商快速提升起来。而提升宝宝情商你可以从上面几个方面入手。如果你发现自己宝宝情绪产生以下的变化时，宝宝情商就得到了提升。

有关自身负面情绪的流露会越来越少；

频繁使用带有感情色彩的语言来陈述，诸如"这让我觉得……"；

不再尖叫表达自己的情绪，而是用言语清晰地表达自己的感情；

脾气大减，频率、强度大大减少；

恐惧、悲伤等负面情绪的时间越来越短；

能够体味别人的情感表达，并注意分辨其他人的情感表达的不同；

与其他宝宝的冲突会日趋减少。

……

情商增加的方面有很多，这里对明显提高方面进行了罗列，其实只要父母用心去观察宝宝，教育宝宝，还会发现许多细小的情商提升。

第四章

消除障碍，做女儿的心理师

　　不要以为给了宝宝漂亮的芭比娃娃、可爱的毛绒熊、好看的动画片，她们就快乐了。也不要以为出生的小孩子除了吃之外，什么都不需要。因为像每个成人一样，她们也有自己的心理需求，如果心理需求没有得到满足，她们也会出现心理问题。

第十七节　小宝宝也会自卑的

有位 2 岁小宝宝，开始上幼儿园了，虽然哭闹了一阵，但不久她就适应了幼儿园。不过，几个月之后，妈妈发现宝宝开始又不愿意上幼儿园了。每天去幼儿园，宝宝都会找各种借口，拖延去幼儿园的时间，"肚子疼"、"我要小便"等理由层出不穷。有时，宝宝会在上幼儿园的路上问妈妈："妈妈，我很笨吗？"因为上班都快迟到了，妈妈总是对宝宝不大高兴地说："对啊，我们家宝宝最笨了，这么好玩的幼儿园都不爱去。"

如果你家的宝宝有了这种表现，就要去查明真情了。因为你的宝宝很可能在幼儿园受到了打击，渐渐出现了自卑的倾向。而这位小宝宝的表现正是自卑的早期状况。因为她年纪比较小，和其他宝宝进行比赛的时候总是输，别的小宝宝也就不喜欢她。因此她感到很难过，所以也不大喜欢说话了，不愿意和小朋友们一起玩了。

许多家长都觉得奇怪，这么小的宝宝怎么可能会出现自卑呢？我们从著名心理学家埃里克森划分的人格发展理论中可以找到原因，在他的人格理论发展第二个阶段——儿童早期（1.5～3岁），指明了这个阶段的发展任务是获得自主感而克服羞怯感和疑虑感。

如果此时期的宝宝疑虑得不到克服，对自己的疑虑增加，那么当这种疑虑达到一定程度，就会产生自卑的心理。专家发现，许多人的自卑心理都是从儿童时代开始的，上面的宝宝问妈妈自己是否笨就是对自己的疑虑。

下面是美国儿童心理治疗专家霍夫曼发现的自卑宝宝的早期征兆，父母在教育自己宝宝过程中发现她有以下特点就要十分注意了：

过度怕羞

怕羞是女宝宝最常见的特点，但是如果你家女宝宝过度怕羞的话就很可能有自卑心理了。过度怕羞的宝宝有这样的表现：不敢当着别的小

朋友面唱歌，不愿抛头露面，对陌生人总是刻意的躲闪，虽然家长已经告诉她不必害怕。

不交朋友

正常的宝宝喜欢与同龄人交往，并十分看重友谊。自卑的宝宝总是自己一个人，对交朋友没有兴趣，甚至害怕交朋友。

难以集中注意力

自卑感强的儿童在学习或做游戏时往往难以集中注意力，或只能短时间地集中注意力。这是因为"挥之不去"的自卑心理在作祟。

敏感，疑虑，不喜欢批评

自卑宝宝对别人的评论十分敏感，尤其是批评。他们还会因为别人批评而怀疑别人不喜欢自己，如果你的宝宝问："妈妈，你不喜欢我吗？"你就要考虑一下宝宝是不是最近受了批评，心理出现自卑倾向。

自暴自弃，不求上进

自卑宝宝最大的特点就是认为自己不行，努力也没用。所以就不去努力了。如果这种现象得不到制止，宝宝就会加深自己是"低人一等"的意识，甚至用此作为借口来对抗家长。

过分追求表扬

这是和拒绝评判相反的心理。为了追求表扬，宝宝可能会采用不诚实、不适当的方式来求得爸爸妈妈的喜欢。

贬低、妒嫉别人

这是自卑宝宝很重要的反应。因为别人得了小红花自己觉得不爽，甚至会在背后说别人坏话。

语言表达较差

自卑宝宝很少与别人交流，所以语言能力也就有限了。据统计，8成以上的自卑宝宝语言表达较差。有些专家认为，强烈的自卑感极有可能会阻碍宝宝大脑中负责语言学习系统的正常工作。

回避竞赛

每个人都有对胜利的渴望，自卑宝宝也是如此，但是因为对自己的能力否定，让她以各种借口拒绝竞赛。即使在别人的鼓励下报名参赛，但总是在正式参赛时当"逃兵"。

自卑心理会影响宝宝的一生，长大后自卑的人很难去面对生活的困难，也很少成功。所以，当父母识得宝宝有自卑倾向时，就要努力将宝宝的自卑心理"扼杀"在摇篮里。

下面是家长帮助宝宝克服自卑的方法：

多肯定、多鼓励、少批评

自卑宝宝对批评教育十分敏感，所以父母要对宝宝多进行鼓励。只有这样宝宝才能在鼓励中走出失败自卑的阴影，获得信任，产生自信心。当然，即使不是自卑的宝宝也需要多肯定、鼓励、少批评，因为多批评同样会使宝宝产生自卑心理。

找优点，体验成功

找出宝宝优点，慢慢地引导她认识到自己的优点，肯定自己，让她明白每个人都有自己的强项和弱项。然后，父母再逐渐提高宝宝弱项上的能力，让宝宝在不断挑战和自我成功中获得自信。比如，给宝宝一个在小朋友面前表现的机会，当宝宝得到赞扬的时候，自信心就会很快得到强化，自卑也就不见了。

引导孩子，教宝宝不去攀比

这里攀比有两个方面：其一，和其他宝宝的强项比较；其二，与其他宝宝财产的比较。

当宝宝拿自己的短处和别人的长处相比时，父母要告诉宝宝，自己也有长处，是别的宝宝不能比的。当宝宝相信自己的优点和长处时，自卑感就大大降低了。

小宝宝在一起，总是会用漂亮衣服、爸爸的汽车、最新的玩具来挑战其他小朋友。所以，这种比较会让财产不多的小宝宝心理不舒服，此时父母要引导宝宝去比较技能或者是长处，而不是财产的多少。

提前了解，未雨绸缪

宝宝的情绪变化很微妙，父母只有多多注意宝宝的情绪，才能发现宝宝自卑心理。所以，家长不要因为工作或者是其他因素，忽视了宝宝的心理健康。上面那位宝宝的母亲，就是因为工作原因忽视了宝宝的自卑。

第十八节　女儿恐惧心的产生与克服

你的小女孩，是不是天生就胆小呢？她怕黑；她不敢单独在自己的房间里睡觉；她害怕在地上爬来爬去的虫子；她不敢争取自己的正当利益；她总是受隔壁小男孩的欺负……胆小和懦弱似乎就成了她的代名词。

其实害怕和恐惧是天生的，无论男宝宝还是女宝宝都会出现害怕。心理学家发现恐惧是人类与生俱来的，宝宝刚出生时就有了害怕和恐惧的意识。他们的恐惧主要来自三个方面：其一，自然恐惧，如打雷、黑暗、动物；其二，社会恐惧，如上学、走失、与亲人分开；其三，社交恐惧，如说话、陌生人。出生 5～9 个月的宝宝会害怕陌生人；2 岁以内的宝宝会害怕巨大的声响；2 岁的宝宝害怕妈妈离开他；3～4 岁的孩子害怕响声、黑暗和未知的东西，怕动物、怕孤独……

当然，害怕和恐惧还会随着宝宝的成长而表现出不同的方式，并且恐惧也不会因为成长而消失，即使是成人，也会出现害怕恐惧的现象。

虽说害怕和恐惧与生俱来，并且还伴随人的成长，但是并不是说，恐惧就不用去管，尽量逃避恐惧。因为恐惧、害怕是人类为了躲避伤害而表现出的自我防御反应，它不是一种可怕的不良行为习惯，相反有其积极的一面。儿童心理学家布鲁诺·贝特尔海姆研究发现，宝宝必须和恐惧接触，只有这样他们才能克服恐惧。没有恐惧，宝宝也是不可能成熟的。

所以，家长让宝宝正确认识恐惧就十分重要了。在许多事情中，小男孩比小女孩更大胆，是因为他们被教育为男子汉就应该不害怕黑，不害怕毛毛虫，勇敢的面对别人的挑战……而女宝宝教育要显得"温柔"多了，当她们夜里害怕的时候，爸爸妈妈会和她在一起；当她们害怕毛毛虫的时候，爸爸妈妈会把毛毛虫弄走，并且以后再也不让她见到毛毛虫；当她们受到欺负的时候，爸爸妈妈会为她们撑腰……

可以说，不是女孩子天生胆小，是许多错误的教育方式，让女孩子胆小起来。如果你对你的女宝宝总是这样做，那么就要改改了。当孩子表现出胆小畏惧时，父母不用过于担心，这不会影响孩子的生活、行为与社会活动。

下面是一些宝宝害怕的对策：

害怕亲人离开的宝宝

1～2岁的女宝宝因为妈妈离开害怕时，妈妈可以许诺在一定的时间内回来，减轻宝宝的不安全感。

害怕黑暗的宝宝

2～3岁女宝宝想象出来的东西或未知情况下的预想产生恐惧，如黑暗产生的联想，父母可以告诉宝宝，黑暗是怎么回事，当宝宝明白原因就会减少恐惧了，另外，此时家长可以陪伴宝宝，但是不能让宝宝依赖自己的陪伴。

害怕动物的宝宝

女宝宝害怕一些小兔子等动物，父母可以示范给她，告诉宝宝自己去摸摸兔子，宝宝摸到后，就不会再害怕兔子了。当然，有些动物，如老鼠之类的动物，是不能摸的，妈妈只要告诉宝宝，它们是害怕宝宝的，宝宝自然也就不害怕了。

另外，许多家长都会吓宝宝，比如宝宝不好好吃饭，妈妈就说，不好好吃饭，一会儿怪物就来抓你了，这样的恐吓会刺激宝宝出现害怕心理，坚决不能去做。

父母注意了以上几点，就可以得到一个勇敢的小女儿了！

第十九节　女儿为什么会嫉妒

关于嫉妒的最好故事大概就是《白雪公主》了。在故事中那位嫉妒的王后，不允许世界上任何一个女孩的漂亮超过自己，因为嫉妒，王后变成杀手，内心出现了扭曲，去迫害那位漂亮、善良的小公主。而从

另一方面，从小家长就给自己的孩子灌输了嫉妒的思想，女性的嫉妒要强于男性。

在现实中，似乎女性表现嫉妒的地方也更多一些，女人容易嫉妒，大家也有了共识。而这些固有的观念，让女宝宝的嫉妒教育不是很成功。男宝宝如果嫉妒的话，家长会告诉他，身为男人，就要心胸开阔；而女宝宝嫉妒的话，家长大概不会这样教育她，而是满足她的嫉妒心理。

其实，宝宝嫉妒应该是与性别无关，而是与教育相关的。宝宝的嫉妒是在出生不久就出现了的。英国最近一份研究报告显示，4 个月大的婴儿已经具有嫉妒心了。作为一种心理活动，嫉妒是从人的早期情绪分化而来的。当宝宝看到别人比自己优越时，就会产生一种憎恨情绪，这就是嫉妒。所以，不要以为婴儿生活就是无忧无虑的，因为他们不善于表达，所以才会被忽视。

不过虽然宝宝嫉妒表达不是很完善，但是，我们可以这样来观察宝宝是不是嫉妒：内向的宝宝会通过吮吸拇指，抚弄头发来缓解嫉妒情绪；外向宝宝会用尖叫、哭闹或其他具有攻击性的行为来表达自己的不满。

不过，无论如何家长也不能让原本可爱善良的小公主，变成了"嫉妒"女王。因为嫉妒，自己的小公主会缺少很多快乐和幸福：

家里来了别的小朋友，妈妈夸赞几句或表示亲昵些，宝宝就会耍性子，对外来的小朋友很不友好；

别的小朋友有什么好玩的玩具，自己没有，就会很不舒服；

和别的宝宝一起玩游戏，看到别人做的又快又好，自己就破坏游戏，"我做不好，你也别想做好！"

……

过分嫉妒心理的宝宝不会快乐，不会和小朋友交流，甚至还会因为嫉妒从事破坏行为。如果宝宝嫉妒情绪过多过强，时间一久，它就可能成为人格的一部分，从而使得宝宝在成长过程中，常会因嫉妒别人的成功而让自己苦闷起来，甚至演变成对别人的仇恨，攻击别人。

不过，虽然如此，家长也不要对孩子的嫉妒看得过重，其实，嫉妒是孩子成长过程中不可避免的一种情绪，是宝宝求得保护的一种本能。

只要适当引导，宝宝仍会健康成长的。

下面是针对嫉妒防止和去除的一些措施，家长可以根据自己的宝宝进行指导：

转化宝宝的嫉妒情绪

当宝宝有嫉妒别人的倾向时，家长不能用一些刺激性的语言："人家怎么能做好，你真笨！""没出息"刺激宝宝，此时的宝宝已经是妒火中烧了，再听这些，不仅嫉妒不会消失，还会使得宝宝丧失自尊。

比较合理的应对方法是，用平和的语气了解宝宝的嫉妒"背景"，如果宝宝是因为唱歌不如别人好，可以告诉宝宝"你会唱歌，而且唱得很好听呢，妈妈很喜欢。"然后，给宝宝讲些小故事，带他出去散步等，使他用另一种情感冲淡或代替嫉妒心。

倾听宝宝

宝宝嫉妒心很强时，家长可以认真地倾听宝宝，如果宝宝因为喜欢别人的一个玩具而产生嫉妒，爸爸可以重复宝宝喜欢那个玩具的想法，让宝宝和爸爸产生共鸣，那么，宝宝情绪得到了释放，嫉妒心理也就缓解了。

值得注意的是，不要对宝宝说"那我也给你买一个更漂亮的玩具"，这很可能会刺激宝宝的攀比欲望。

家长是表率

研究表明，生活在充满嫉妒心的家庭里的孩子，也往往嫉妒心较强。如果家长在孩子的面前总是说一些嫉妒的怨言，比如，邻居发了横财，自己对邻居说些冷嘲热讽的话，那么宝宝也会认为是爸爸妈妈的"正常行为"，然后效仿去嫉妒别的宝宝。

帮助孩子树立自信

心理学家认为，缺乏自信的孩子往往更容易产生嫉妒心。所以家长

在消除宝宝嫉妒情绪时可以强化宝宝的自信。

教育孩子积极向上力求转化

如果你对孩子时不时冒出的嫉妒心很难予以扑灭，你可以聪明地将其转化为激励她前进的动力。嫉妒心强的孩子往往自尊心、虚荣心都很强，所以此时鼓励宝宝的竞争意识，使宝宝积极努力，得到胜利，那么宝宝的嫉妒就会降低了。当然，有可能宝宝也会出现失败，但是只要宝宝积极表现，家长就要给予宝宝"虽败犹荣"的心理，让宝宝有动力去创造成功。

提高宝宝内省智能和自我认知能力

克服嫉妒心理的基本途径之一就是帮助宝宝提高自我认知水平，发展宝宝的内省智能。当宝宝嫉妒别人时，家长可以指出宝宝的优点，但也有不如人的方面。这样宝宝就比较容易接受，嫉妒心的克服也比较有效。

随着宝宝认知能力的发展，她会知道每个人的能力都是有限的，她不可能什么都比别人强。当宝宝学会经常这样去考虑问题，嫉妒心理就会慢慢打消，而且能够客观地评价自我、评价别人。

另外，还有一些其他的消除宝宝嫉妒的方式，比如帮助孩子克服不足、培养宝宝移情能力、减少使宝宝产生嫉妒的环境刺激，和宝宝一道玩竞赛型游戏等。家长也可以去尝试，只要用心调教她，不久你就会看到一个幸福、快乐的小公主了！

第二十节 撒谎的女儿怎么办

如果你家的小女孩有一天对你说了谎话，你会怎么样呢？也许你现在还没考虑好，那我们先看看一群撒谎的小朋友和一个撒谎的小朋友：

集体撒谎：

在幼儿园，老师问小朋友周末去哪玩了？一个小朋友说："妈妈带我去了荔枝公园……"接下来，七八个小朋友都会说，他们也去了荔枝公园。如果一个小朋友说"我去吃了肯德基"，结果，又有大批周末去吃了肯德基的小朋友……

天天撒谎：

周一，天天去幼儿园，妈妈给了天天一包糖果，让她交给老师，分给幼儿园的小朋友一起吃。天天回家后，妈妈问："天天，你是不是和小朋友一起分糖果吃了？""是啊。"几天后，妈妈遇到天天的老师，聊天时发现天天并没有把糖果给小朋友，而是自己吃了。妈妈回家对天天说："天天，老师说你没有分糖果给小朋友。""妈妈，我也是小朋友啊。"

从上面两个撒谎事例我们看到这些宝宝显然是明目张胆地撒谎了。我们也能感受到上面两种撒谎是不同的，但是什么让天真的小宝宝们撒谎呢？

其实撒谎是每个宝宝成长过程中必然经历的一种现象，宝宝撒谎与他所处的环境以及他的认识能力相关，关于宝宝撒谎专家总结了以下几个类型：

撒谎为了满足虚荣心；

撒谎为了开玩笑；

撒谎为了保护自己；

撒谎是为了自己的隐私权；

宝宝第一种"撒谎"是小错误，后面四种撒谎是有目的的撒谎，主要源于他们自我意识的成长。从这个角度来讲，孩子们学会"撒谎"，也是一项了不起的成就。

在以上这些撒谎中，有些宝宝并没有意识到自己在撒谎，他们的撒谎带有幻想性，而这多是3岁以内宝宝经常发生的。比如，我们提到的幼儿园小宝宝集体撒谎，因为这时宝宝无法分清想象与现实，常常把想象的事物当做现实的事物来描述。当宝宝的时间概念、表述能力、记忆力等再发展成熟一些的时候，就不会再出现"睁着眼睛说瞎话"的情况了。

我们可以看到宝宝这种撒谎带有幻想性，他们将自己的幻想套用到现实的人或事上去，表达也出现没有逻辑、不真实的、漏洞百出的特点。比如，有些小宝宝看到别人有漂亮的衣服，幻想自己也有，于是就"说谎"了。

被动性撒谎

为了保护自己，或者受到妈妈的赞赏，宝宝会撒谎。其实，他们天性纯真、直率，根本不会隐瞒自己的意图、情绪，和控制自己探索的欲望。

所以，无论是有目的的撒谎还是没有目的的撒谎，家长都不用过于担心，心理学证实：说谎者必须具备将自己未曾体验的事，说得像确有其事的能力，这表示他们具有将语言与行为分离的能力。所以，家长只要适当地引导，宝宝都会养成诚实的好品质。

下面是一些应对撒谎的措施：

给予宝宝隐私空间

虽然宝宝小，但是她同样有隐私权，当宝宝知道自己也是一个独立的个体时，就更加希望被他人承认自己是一个独立自主、有思想的个体，在自己的内心保留一块空间。

为了这个空间，宝宝也许会撒谎保留一下自己的小秘密，只要不涉及道德品质等原则问题，家长也就不必深究了。

让责罚变得更策略些

当宝宝做错事，为逃避责罚而撒谎的时候，家长不要对宝宝十分严酷。因为这样会给宝宝造成很大的心理压力，不但不会改变宝宝的撒谎行为，相反，还可能让宝宝依赖撒谎来逃避责罚。

另外，3岁左右宝宝的撒谎，多半是他们的想象力发挥了作用，并非是孩子存心撒谎，所以爸爸妈妈不用高度戒备，也不必批评孩子。

聪明的父母可以利用宝宝的错误说些别的话，既让宝宝明白自己的错误，又给了宝宝面子。

表扬诚实的行为

要改正孩子撒谎的行为，就要让宝宝知道诚实是正确的，"如果你告诉妈妈实话，妈妈就不怪你"这句话虽然老套，但是十分管用。既然都不会责罚孩子，她还有什么可害怕的，自然是一五一十把真相都说出来了。

给予宝宝幻想性"撒谎"的空间

撒谎的过程其实就是宝宝想象与创作的过程，它对培养宝宝的想象力与创造力发挥着不可低估的作用。

当宝宝撒谎说自己有漂亮裙子时，父母可以这样说："宝宝，你没有这样的衣服，但是你确实很希望有一件这样的裙子，对吧？你的想象力真丰富！"此时，千万不要训斥宝宝："瞎说什么呢？你哪儿有这样的裙子？"

给宝宝一次设法补救的机会

如果你的宝宝发生行为性撒谎，家长要相信宝宝会改正错误，并可给宝宝提供一个补救的方案。这样，既可以让宝宝自省，又让她们开动脑筋自己解决问题，养成自己对自己的错误行为负责的习惯。

第二十一节　宝宝的心理需求
需要父母的认真倾听

当宝宝拿着彩笔在墙上乱画的时候，你是否听到了宝宝对色彩的关注？当宝宝甩开手，不听话时，你是否看到了宝宝对独立的向往？当宝宝黏着你不肯让你工作的时候，你是否听到了宝宝希望你的亲吻和拥抱？宝宝有时还会闷闷不乐、大哭大闹、发脾气、不讲道理，在他们每一个的表现背后，都有一个理由———渴望得到父母关注自己精神或身

体上的需求……但是这些，你都读懂了吗？你知道宝宝的心里是怎样想的吗？

倾听宝宝，先要知道宝宝需要什么，下面是不同阶段宝宝的心理需求，父母可以据此初步倾听宝宝的心声了。

2～3 个月的宝宝内心渴求抚摩交流

这个时期的宝宝开始有社会性的要求，他们需要父母的抚摩，需要与人交流，需要玩。

4～5 个月的宝宝喜欢不受约束地"玩"

他们的手发育了，所以开始喜欢抓握、摆弄东西。当摆弄一件自己感兴趣的东西时他们会很愉快，但是如果他的要求受到限制，就会发脾气。所以，这时，爸爸妈妈应该让宝宝摆弄个够。

6 个月以后的宝宝分享爱心

宝宝离开妈妈或其他抚养者，就会焦虑、悲伤；与陌生人相处时，还会害怕。所以，当宝宝表现出对父母的强烈依恋时，要尽量满足她，这样宝宝才会有安全感，遇到陌生环境，也不至于过分惧怕和焦虑。

1～3 岁的宝宝有了同情心

宝宝会看到别人笑而笑，看到别人哭而哭，这种简单的共鸣是高级社会情感的基础。所以，爸爸妈妈要根据宝宝的同情心，培养她对新事物的兴趣。

当了解宝宝心理需求之后，在面对宝宝的表情变化、动作变化时，父母就能大致猜出他们想些什么了。由此，进一步去关爱宝宝就显得游刃有余了。

因为宝宝 1 岁以内，不能进行语言交流，所以更需要父母去认真倾听她的其他语言。下面是美国婴儿心理学教授斯克佛在《婴儿面部表情与心理活动》一书中总结的 1 岁以内婴儿的面部表情语言，对父母倾听宝宝、教育宝宝有很大的帮助：

1～6 个月

瘪嘴啼哭

哭声是宝宝最初的心理语言。由于 6 个月前的婴儿不能用语言和动作来表达自己的需要和意愿，所以，他们就用啼哭表示他的身体状态和意愿。

好像受到委屈似的瘪起小嘴，是啼哭的先兆，不久啼哭由小变大，很多情况，是因为她肚子饿了，寂寞了，厌烦了（要父母给她换个环境或姿势）。

牵嘴而笑，表示兴奋愉快

宝宝出生后就能发出"自发性的微笑"。母亲的爱抚、父亲的逗乐可以使她得到精神的满足，这样她还会手舞足蹈，给予爸爸妈妈"社会性的微笑"。这种笑是突然发出的，口角牵动，笑容骤现，并且满目发光，不久笑容停止，那是宝宝等待妈妈的鼓励了。妈妈可以用手轻轻抚摸宝宝的面颊，或在其面、额部亲吻一下，以示鼓励。

咧嘴，要小便

据研究女宝宝经常咧嘴或上唇紧合下唇来表示小便。父母若了解宝宝的小便信号，就能摸清宝宝的小便规律，在此基础上进行引导，那么宝宝的自控能力和良好小便习惯就会养成。

红脸横眉，要大便

宝宝如果眉筋突暴，然后脸部发红，目光发呆，那就表示宝宝要大便了。

玩弄舌头、嘴唇吐气泡，自己玩

宝宝吃饱喝足、换干净尿布后，没有睡意的话，就会自得其乐地玩弄嘴唇和舌头，吐气泡、吮手指，大人此时最好不要去打扰她的兴致。

6个月～1岁

宝宝过了6个月，感知能力和动作能力得到发展与增强，就会用各种动作和形态的体态语来表达自己的心理了。

6～7个月宝宝张开双臂表示欢迎，转头避开表示拒绝。

7～8个月宝宝拍手微笑表示高兴，摇头哭喊表示厌烦。

9～10个月婴儿用手指指点表示要求或示意。

11～12个月宝宝发出声音表示意愿。

其实，父母对宝宝的心理倾听不只在1～3岁，在宝宝以后的成长过程中，同样需要父母去认真倾听。

第二十二节　宝宝不听话，如何去批评

批评是引导宝宝改正缺点的一个很常用手段。但是不知什么时候"无批评教育"成了大家共同膜拜的教育方式。宝宝稍有成就，父母就大加赞扬，甚至有了错误也不敢批评，唯恐打消孩子的自信心，甚至认为宝宝有点小错算不得什么。

从很多方面来说，小女孩相对小男孩要乖许多，很多时候她们都是听话的乖宝宝，所以她们受批评的频率低很多。再加上小女孩也比小男孩要敏感许多，所以当家里的小女孩犯错误的时候，家长往往因为她敏感、很少"犯错误"而不去批评。

不久，父母就会发现，骄傲、任性、脾气大的小公主光临到家：还没等你批评，她就开始哭闹；你批评你的，她做她的；你批评她，她反驳你的理由比你还足，声音比你的还大……于是此时家长就发现公主成魔女，难以管教了。

其实，小女孩的批评，不能因为敏感少犯错而不去批评，而是要注意批评的方式，让她们学会接受正确的批评教育。家长良好的批评不是劈头盖脑，而是像厨师烹饪一样，要掌握好火候。火小了，批评没有作用，火大了，批评就成了宝宝的心理负担。

那么家长如何掌握火候，适度批评家里小公主的错误、不听话呢？

火候一：走在批评之前

在批评宝宝前，先要思考宝宝为什么犯错误，是不是有自己的原因。例如，宝宝没有拿好杯子，牛奶洒了一地。你一定要冷静地问问自己：在这之前，有没有提醒过宝宝不要自己去拿盛有牛奶的杯子？在这之前，有没有教过宝宝要轻轻地拿装牛奶的杯子？因为这是作为父母应该做到的，如果你没有做到就不要把错误全部推到宝宝身上。

此时你只要告诉宝宝以后要轻拿杯子，如果自己拿不了就要请爸爸妈妈来帮忙，避免以后出现类似的错误。因为，此时教给宝宝避免犯错，才是最重要的。

另外，教宝宝认识批评和表扬一样重要。

教育孩子，当然应该坚持表扬为主，但不妨在孩子牙牙学语或学步时，就有意识地让孩子既听到正面肯定，也听到反面的批评。比如，"宝宝昨天学走路一点不怕累，怎么今天就怕累了？"宝宝能够接受认可批评，长大后才能正确对待来自他人的批评，甚至面对别人的非议也能够保持平和的心态，承受较强的挫折。

火候二：不能使用的批评方法

威胁恐吓

宝宝吵闹、不肯睡，妈妈说："你再不听话，妈妈就不爱你了。"这种方法会破坏了宝宝对家长的信任和依赖，使其胆小怕事，甚至导致恐惧症或者焦虑症。并且这还会使宝宝模仿这种行为去骗人、吓唬人，让别人答应自己的不正当要求。

轻视

这是家长拿宝宝和别人孩子比较后的失衡感引起的，别的宝宝拿到小红花，自己宝宝没有拿到，家长自己心理就有些嫉妒了，迁怒于宝宝："宝宝不如明明，要是像明明那样好，妈妈才会不生气……"这样批评宝宝，只能让她变得更自卑，甚至自己的优点都失去了。

羞辱斥责

有句话说，"童心不可辱"。宝宝也有自尊心，如果父母总是说："宝宝笨，不听话！"那么宝宝只能产生逆反心理，真的"不听话了。"

火候三：正确批评的几项原则

批评对事不对人：不要说"你总是不听话！"

不作无根据的判断：不要说"你说，不是你是谁？家里没有别人！"

不搞"翻箱倒柜"："上次你就打破了一个碗，现在又不小心。"

不要当着外人的面批评孩子。

批评要点到为止。

心情不好时勿批评孩子。

要注意尊重孩子。

对宝宝批评时要回忆她的优点进行表扬。

一天之内对宝宝的批评不要超过两次。

批评要及时。

总之，不管宝宝有什么样的错误，我们都要平心静气地拿出最恰当的、最好的批评方式来，让我们的宝宝健康成长。

 教女小贴士：0～3岁的宝宝心理健康标准

0～3 岁是宝宝人生的第一步，在这一时期，他的心理发展的基本特点是：各个方面都还处在初步形成阶段。这时判断宝宝的心理是否健康，主要是看他能否达到这一时期大多数宝宝所具有的心理发展水平。下面我们从五个方面对 0～3 岁宝宝心理健康进行评估。

标准一：智力正常

心理健康的宝宝智力是正常的，多数宝宝的智商（IQ）在 85～115 分之间。他们能够适应一定的学习生活，与周围环境取得平衡，并能按成人的要求去观察事物，记得快、记得住、记得对，能就具体直观的事物进行概括。

天才宝宝的记忆力极强，识字多，学会说话早，对事物观察细致，想象力丰富，有独立的、独创的、机敏的、充满活力的人格特征，善于对周围事物和现象提出各种问题，并能解决一些日常生活和学习中的简单问题；智力低下的宝宝社会适应能力差，常常不能适应幼儿园的集体生活与学习，心理压力大，需要特殊的教育。

标准二：情绪愉快、稳定

心理健康的宝宝能比较恰当地表达自己的喜怒哀乐，不过他们的情绪以积极的为主，总是充满了喜悦与欢乐。他们遇事冷静，情绪很少大起大落，能理智地分析遇到的问题，很少表现出焦虑不安或忧郁。这样的情绪有助于提高活动的效率。当他们受到父母和邻居的表扬与称赞后，积极的情绪又得以强化，最终得到良性循环。

当然宝宝也有喜、怒、哀、乐，他们也会出现消极情绪，但消极情绪不会太频繁。如果一个宝宝焦虑、恐惧、强迫、抑郁等情绪反复出现，心理就不大健康了。

标准三：意志健全和行为协调

心理健康的儿童3岁前就有意志的萌芽表现，能初步借助言语来支配自己的行动，出现独立行动的愿望。他们意志力强，不怕困难和挫折，不达到目的不罢休，从不半途而废。跌跤或受点轻伤都不哭，游戏输了不胡闹。当然，3岁后，意志品质中的自觉性、坚持性和自制力也得到发展，但总的来说，发展有限。

意志不健全的宝宝挫折容忍力差、怕困难，摔倒了总是大哭，让家长抱起来才作罢。他们做事三心二意、注意力不集中、缺乏自控力，玩玩具经常表现为摸摸这个，碰碰那个。另外，他们行为上表现思维混乱，前后矛盾，变化无常的特点。他们会为一点小事大发脾气，但是却对强烈的刺激反应淡漠。

标准四：性格与自我意识良好

性格是人的个性中最本质的表现，而自我意识在性格的形成中起着关键的作用。心理健康的儿童性格相对稳定，开朗、热情、大方、勇敢，他们对人有礼貌，会说礼貌用语，有同情心，适度怕羞。在自我意识上，开始正确认识与评价自己，自尊感在发展，寻求独立性，对自己充满了信心。而心理不健康的儿童性格发展不良，表现出胆怯、冷漠、

孤僻、自卑，缺乏自尊心，他们会破坏别人的游戏，因为别人比自己好而感到不舒服。

标准五：人际交往和谐

宝宝的人际关系是指他们和父母、教师以及小朋友之间的关系。心理健康的宝宝乐于与人交往，乐于帮助人，关心别人，富有同情心，常表现出"利他"和"亲社会"的行为。他们与大家在一起时比一个人独处时愉快，做游戏时遵守游戏规则和顺序，不故意找别人的麻烦，肯帮助其他小朋友，懂得同伴的感情和需要，能为小朋友取得成绩而高兴。

心理不健康的孩子不能与人合作，对人漠不关心，缺乏同情心，有猜疑、嫉妒、退缩现象，不能置身于集体，与人格格不入，在新环境或不熟悉的人面前过分的拘束害怕。

家长可以根据以上几个方面对自己宝宝进行评估，让宝宝得到更好的教育。

第五章

养育人见人爱的小公主

想到自己的女儿以后成为一个优雅、有气质、社交能力强的魅力女人，爸爸妈妈都会笑得合不拢嘴吧？不过，你想过没有，这样的女儿可不是一蹴而就的，从小爸爸妈妈就要开发她与生俱来的社交天分。

第二十三节 女孩的交际欲望与生俱来

想到自己的女儿以后成为一个优雅、有气质、社交强的魅力女人，爸爸妈妈都会笑得合不拢嘴吧？不过，你想过没有，这样的女儿可不是一蹴而就的，从小爸爸妈妈就要开发她与生俱来的社交天分。

为什么说女宝宝的社交天才是与生俱来的呢？

这是相对男宝宝来讲的，从婴儿期开始，女宝宝就体现了她们的社交天分。她们喜欢和谐、融洽的交流，无拘无束地与人相处。她们喜欢在平等的关系中，追求付出与获得，并且她们希望交流得到关爱和友谊。

研究显示，6～10个月时，她们在学会说话之前就已经具备了社交判断能力，懂得区分好坏玩伴了。

有这样一个场景试验：一个木制玩具娃娃使劲地往山上爬，接着另一个木制娃娃走过来。

场景一：帮助前者用力往上爬。

场景二：帮倒忙，往后拉。

然后，研究者把这两个玩具娃娃拿到宝宝面前，看她们挑选哪个娃娃。出乎意料的是，几乎所有宝宝都挑选肯帮忙的那个玩具娃娃。

研究员再把帮倒忙的和既不帮忙也不使坏的中立玩具娃娃放在一起，这些宝宝都去挑选中立娃娃。

研究者最后得出的结论是，人类的社交能力是固有的，不需要后天学习。虽是如此，但是没有交际的环境，宝宝的与生俱来的交际能力就不能得到发展。7岁"狼孩"卡马拉，最初发现的时候，只有6个月婴儿的智能，她不会说话，没有交际能力。等到她17岁死去的时候，仍不会说话，智力只要四岁孩子的水平。这个故事告诉了我们良好的社交环境对宝宝成长的作用。

不过，许多父母在养育宝宝的过程中，并没有给予她们充分的交际空间。因为女宝宝不爱争斗的先天因素，往往使自己处于被欺负的位置，于是渐渐地就表现出对交际的恐惧。而家长也就有理由把女宝宝放在家里，对她"充分"保护，最后宝宝就丧失了最初的交际先天优势，形成了过于害羞、恐惧他人的社交障碍。

所以，家长要想让宝宝的社交先天优势得到发展，就不能把宝宝"圈养"起来，而是要让她们勇敢的去面对，当她们受欺负时，爸爸妈妈要告诉她如何去做，克服宝宝的这个弱点，这样宝宝才能够按照家长的意愿成长。

第二十四节　培养女儿人见人爱的好脾气

不知道从什么时候起，家里就出现了一个小"河东狮吼"，耍脾气、倔犟，哭起来，不哭到爸爸妈妈头大就不休；见到叔叔阿姨，头扭过去一声不哼；见到小朋友不是吵起来，就是打起来……再看看别人家的小宝宝，不哭不闹，见到叔叔阿姨还甜生生地叫道："叔叔阿姨好！"看着就是天生的"淑女坯子"；见到小朋友，不久就可以和人家玩得意兴盎然……

不由得自叹一句：我家的"小河东"什么时候能变成一个人见人爱的小淑女啊？长叹不如行动，因为宝宝是"小河东"，还是小淑女，很大程度上取决于爸爸妈妈的教育。

我们先从本质入手，看看宝宝情绪、脾气是怎么回事：

情绪是人对事物的感受，包括喜、怒、哀、乐、恐惧、嫉妒、诧异等反应，这些反应了人的生理和心理上的变化。如果现实状况和内在想法有了差距和出入时，情绪就成为一些想法的表达。比如家长看到自己宝宝有固执、霸道、乖巧，这就是对这些差距和出入的情绪表现。

由于0~3岁宝宝缺乏其他表达情绪的媒介（如语言），表情成了和外界互动的主要凭借，因此影响更为直接。所以，好脾气的小孩人见人爱，而人见人爱也促进了她的好脾气，坏脾气的小孩总是受冷落、批评，而冷落、批评也加剧了她的坏脾气。从另一方面说，这时期的宝宝情绪塑造空间还很大，家长完全可以抓住这个时机，让宝宝脾气好起来。

下面是治疗宝宝脾气坏的方法：

加强"好脾气"的概念

"做一个好脾气的小宝宝"，平时要常对孩子说这句话，当孩子使性子时，当孩子哭泣时，当孩子做什么事没成功而发急时，你一定要提醒她，好脾气的小宝宝应该怎样做。另外，家长要耐心地对待宝宝，不要因为宝宝闹，自己情绪就失控了。比如，父母在忙很重要的事情时，要耐心地告诉她，让她知道你忙完了会去陪他。

忽视宝宝的无礼要求

宝宝的要求有时会十分无礼，这时，家长不要满足她，而是要让宝宝知难而退，放弃自己的无理要求。有的宝宝很聪明，她会试探性地观察家长的态度，如果家长态度不坚决的话，他还会进行要求的，所以，家长一定要坚持立场。不过，当宝宝的要求被否定之后，自信心就会受些小小的打击，所以家长要找机会和宝宝沟通。

言出必行

骗宝宝是最不可取的教育方法，因为宝宝对欺骗是很敏感的，如果家长答应了宝宝的事情没有去做，宝宝也许会记住一辈子，对父母也就不相信了。所以，当宝宝再耍脾气时，家长也就很难让宝宝听话了。

始终如一

父母亲可能会忘记自己给宝宝的标准，但宝宝是不会忘记的。所

以，家长不要三天一个规定、两天一个做法，这样善变，会让宝宝也善变起来，所以要给予宝宝相同的标准去做同样的事。这也有利于树立家长的威信。

注意自己的言行

角色定位作用，对孩子的影响很大，宝宝其实就是父母的影子，父母以怎样的态度对宝宝，这种态度也会潜移默化地成为宝宝性格的一部分。

另外，孩子对自己的认识和父母对他的评价十分相似。有些父母在宝宝闹了一两次后，就对人说，这孩子，特别犟！他呀，怪脾气！或者，孩子一次不喜欢吃某类东西，家长就对别人说，她最不喜欢吃橘子了，下次等到让宝宝吃橘子时，宝宝真的不会去吃。这样家长就发现自己的小孩子挑食、耍性子。

所以，家长要想教育出好脾气的宝宝，就要让宝宝知道，自己认为宝宝是性格好，从来不胡闹的孩子。那么，宝宝也会自己约束自己"不胡闹"的。

不要把自己的意愿强加于宝宝

每个宝宝都有自己的喜怒哀乐和兴趣爱好，即使是父母，也无权让他们完全和自己的思想一致。由于宝宝在两岁之后，自我意识会有很大的发展，他有了自己的看法，有了自己的主张。所以，面对家长的要求就有些"倔犟"了，其实这正是宝宝自我的发展。

其实，家长要知道好脾气的小宝宝是不固执的，但不是没主见的。让宝宝"发表意见"，认真听宝宝的想法并加以实施，孩子就会有主见，而不是固执、脾气大。

另外，孩子犟不犟，父母的态度很重要，如果父母总是要摆出绝对权威，不尊重孩子，不给孩子"自主权"，孩子就会心生不服。自然和父母犟起来，所以，当父母因为宝宝作一些决定的时候，可以和宝宝商量，这样既不会影响宝宝的情绪，又能培养宝宝的独立性和主见。

让宝宝了解别人的感受

平时多和宝宝换位思考，让宝宝学着站在家长的位置上考虑一下，理解家长。那么，虽然这时期的宝宝处于以自我为中心的阶段，但是还会理解别人的感受，体谅别人。比如，让宝宝知道，打别人别人也会痛；妈妈也会因为忙碌而累。

总之，宝宝的性格是靠平时一点一滴培养起来的，父母进行适当的引导是宝宝养成好脾气的关键。

第二十五节　分享教育
让女儿在人群中快乐成长

早上，圆圆把一袋巧克力塞进书包。因为昨天丽丽答应她：一块巧克力可以换三个机器猫的小贴画。圆圆想，六块巧克力就能换一整张。可是，当圆圆拿出巧克力时，丽丽却这样说：你的巧克力不够大，十块才能换一张。虽然圆圆很不情愿，可她太喜欢小贴画了，这笔"买卖"最终成交。

晚上，丽丽把自己的"小聪明"讲给妈妈……

丽丽妈妈听完有些生气地说："亏你想得出来，一张贴画换来你五天的巧克力（妈妈允许丽丽一天只能吃两块巧克力）！圆圆真傻。"

其实，丽丽妈妈不赞成女儿的做法，她认为这样的交换对圆圆来说是很不公平的。不过，她却用了错误的说法，误让丽丽觉得自己很"聪明"。

妈妈正确的做法应该是这样的：圆圆喜欢丽丽的小贴画，让丽丽送给圆圆几个，不必以物易物。让丽丽渐渐学会慷慨大方。

但是，许多家长都做不到这一点，所以我们看到许多宝宝不让别人

拿她的玩具，还经常去抢别人的。当宝宝出现这样的"小心眼"时，家长再去改变就很难了。另外，宝宝的小气和自私还会让她被别的小朋友排斥，对宝宝的交际能力和心理发展产生很大的消极影响。

那么，如何让宝宝学会分享呢？

细节上提供分享机会

因为宝宝这时比较小，所以经常以为别人拿走自己的东西就不是自己的了。家长要让宝宝明白，分享之后，自己的东西还是自己的。可以让她带着玩具和同伴交换着玩，增加其与同伴分享的经历；当家中来客人时，有意识地让宝宝帮助"招待"客人，如拿糖果给大家吃或拿玩具请小客人玩。

另外，如果宝宝把手中的东西拿给你吃，不要拒绝，否则，时间一长，他会以为任何好东西就是应该属于她一个人的了。

做孩子的榜样

邻里交往、同事往来时，家长应以自身无私的行为给孩子树立榜样，这样才能在孩子面前有说服力。

学习赠与

当宝宝大了玩具旧了，不再需要时，让她亲自把东西送给邻家的宝宝。在节日里，家长可以让宝宝送给小朋友一些礼物，当宝宝从中体会愉悦的感受时，就明白了分享的意义。

当宝宝这样做时，家长要用适当的鼓励来满足宝宝略微难过的心理。

不必担心以自我为中心造成的小气行为

宝宝这时期做事都以自我为中心，但是随着宝宝长大，社会发展需求转强，她会要求同伴和团体接受他，就会有借别人玩具玩或把玩具借给别人的欲念。

这时，家长适时引导，就可以帮助孩子摆脱"以自我为中心"的束缚。

在分享中家长要避免这样做

强迫宝宝

有些父母强迫孩子把心爱的玩具交给别人玩，孩子不愿意就严厉处罚；

无所谓的态度

有些父母这样说："我这孩子就是小气，拿她没办法。"这样做宝宝会因为觉得自己小气不去和别人分享。

把玩具藏起来

怕别的孩子要自己孩子的玩具而发生吵闹，就让孩子把玩具藏起来。

空洞说教

家长如果这样对宝宝说："不自私的孩子讨人喜爱，不把玩具给别人玩的孩子不是好孩子……"那么，宝宝会不以为然。

第二十六节　礼貌：女儿交际的金钥匙

毛毛不到3岁，但是对人十分没有礼貌。家里来了客人，不论是大人还是小朋友，她都把自己霸道、没礼貌的样子搬出来。每当这个时候，毛毛爸妈就开始头疼，好好的一次聚会往往被她搅得一团糟。毛毛爸妈看到别人家的宝宝乖巧又有礼貌，实在是羡慕，多么希望毛毛也是如此！

其实，没有礼貌的现象在许多宝宝身上都能看到。一般来说，宝宝没有礼貌都是因为大人教育不到位。新生的小宝宝并没有什么礼貌概

念，他们只是按照自己的意愿发展，而爸爸妈妈如果不给宝宝提供礼貌的教育，宝宝就会成为没有礼貌的孩子。当宝宝渐渐成长，因为没有礼貌就会让其他小朋友、老师、叔叔、阿姨不喜欢，那么，宝宝也就不能得到正常小朋友的友谊、爱戴和表扬，不但宝宝的正常交际受到压抑，身心健康也会因此产生而受到影响。

所以，从宝宝出生伊始，爸爸妈妈就要让宝宝开始礼貌的学习了。在礼貌培养上，有些家长做的很好，他们在宝宝牙牙学语时就开始教她一些简单的礼貌用语，比如"谢谢"、"对不起"、"请"、"再见"、"您好"。这些用语不但能提高宝宝的礼貌水平，还能增进亲子关系。

下面是宝宝礼貌学习的三个时期，家长可以根据自己宝宝的情况进行礼貌的教导：

出生宝宝

宝宝此时语言和心智都没完全的开发，不过妈妈也可以在家中亲朋好友探望离开之际教宝宝女儿亲切地说："再见。"并教她用手的动作。

宝宝2岁，初步掌握期

宝宝此时已经可以初步掌握礼貌用语了，父母要根据一些恰当的环境，让宝宝明白"对不起"、"谢谢"的运用。

比如，宝宝玩玩具，妈妈不小心把宝宝的玩具弄坏了，这时妈妈及时对宝宝说："对不起！"宝宝就会明白，当自己伤害到别人的时候也要这样做。此时家长千万不要因为自己是大人，碍于面子不对孩子道歉，这是对宝宝的不尊重，宝宝还会因此破坏别人的东西毫不在意的倾向。

幼儿园，学语高峰时

宝宝进入幼儿园后，与人接触的机会增多，礼貌用语的使用就更加频繁了。家长在此时要让宝宝学会主动与人打招呼，全面开发宝宝的礼貌。

对于已经形成没有礼貌的小宝宝，父母必须马上进行宝宝的礼貌修复课程。在此，介绍几种实用的教育方法：

塑造礼貌的家庭氛围

好的教养方式莫过于让宝宝进行自我教养了。学习需要有好环境，当孩子"浸泡"在礼貌的家庭，就会主动把吸收的礼貌沉积下来。我们看到许多父母并没有费尽力气去修改宝宝的这些或者那些缺点，因为宝宝进行了自己的教育。因为她醒着，就会用耳朵、眼睛、鼻子感受家庭中的礼貌氛围。所以她们根据大人的表现来塑造自己。

她看到爷爷和爸爸要出门时，爸爸都会为爷爷开门；她看到妈妈对爸爸说："请把杯子递给我。"爸爸把杯子递给妈妈，妈妈笑眯眯地说："谢谢！"他看到晚下班的爸爸回家之后就会对在厨房忙着做饭的妈妈说："我回来了。"

角色转换，让宝宝体验没有礼貌的感受

如果你家的宝宝总是在客人面前不打招呼、大闹，家长就可以和她做角色互换游戏。让宝宝作为客人，自己作为主人。当"客人"进门之后，"主人"就一副爱搭不理，没有礼貌的样子。自然"客人"就会感到十分委屈。此时，妈妈就可以进行宝宝的礼貌教育了。

妈妈可以这样说："妈妈不理你，你是不是不高兴了？那刚才来的那位客人，她向宝宝问好，宝宝不理睬她，客人是不是也不高兴呢？"

宝宝换位思考之后，就会明白自己的错误了。

学习待客之道

许多宝宝见到家里来了客人就开始大闹天宫，其实许多时候，是因为家长没有让孩子学习待客。宝宝小的时候，妈妈和客人介绍完宝宝，就让宝宝自己去玩，宝宝很郁闷："为什么来了客人，我就要到一边去？"因为年纪小，宝宝不会表达这种情绪，但是当宝宝大了，就会反抗自己总是因为客人而被"孤立"的处境。

其实，家长可以让宝宝对客人问好之后，帮助妈妈招待客人，比

如，给客人拿糖果。在适当的时机进行夸奖，这样宝宝就会更加努力地让自己礼貌起来。

当然，宝宝没有淑女样子的不礼貌和家长错误教育是分不开的，下面的一些教育方式家长最好避免：

对宝宝不礼貌

"杯子借妈妈用一下会怎样？这么爱生气！妈妈买的！小气！"

"闭嘴！怎么话这么多！"

"都几点了还在看电视，关掉！马上给我去睡觉。"

"你几点才去洗澡？"

如果你对自家宝宝这样大吼大叫，就怨不得宝宝不听你的话，对客人胡闹了，因为你没有尊重宝宝。想想你对别人是这样的吗？也许你就能找到自己的缺点了。

放任，让孩子目中无人

娇惯是宝宝没有礼貌的一个重要原因。

宝宝对着爸妈说"讨厌啦！""你猪头哦！""你很烦！"，家长非但不去纠正宝宝的"不良用语"还在旁边"赔笑"，宝宝自然觉得这些是正确的了，当她们用同样的方式面对其他人时，显然就会受到别人的打击。

第二十七节　幽默女儿惹人爱

俄国文学家契诃夫说：不懂得开玩笑的人，是没有希望的人。那么，对于宝宝来说幽默代表什么呢？宝宝有了幽默感她们就会开朗活泼，讨成人的喜欢，人际关系也要比不具幽默感的孩子好得多。幽默感是情商的重要组成部分，在现实生活中，幽默可以淡化人的消极情绪，消除沮丧与痛苦，舒缓紧张气氛。宝宝长大之后，幽默还可以帮助她更好地应对生活和学习中的压力和痛苦，为自己和别人带来喜悦和希望。

所以，为了宝宝以后人生的美好，为她储存幽默的财富吧！也许有人说，小屁孩懂什么幽默啊？是的，也许宝宝不懂幽默，这不正是给予她幽默教育的一大原因吗？

据研究，人的幽默感大约有三成是天生的，其余的七成则需靠后天培养，而幽默感早在出生后第一个月就开始了，在美国，许多家长早在宝宝出世6周时便开始了他们独特的"早期幽默感训练"。新生宝宝在父母的逗引下，经常会呵呵地笑个不停。

在幽默训练下，1岁左右的宝宝就对他人的脸部表情十分敏感，并且他们会因为玩"捉迷藏"而狂笑不已。

在宝宝学步摔倒时，家长如果做个鬼脸以表示安抚，此时她就会被你的鬼脸引得破涕为笑。同时她也懂得幽默可以让自己的情绪得到缓解，这正是她以后人生需要的东西。

值得注意的是，宝宝的认知与言语能力发展是"幽默感"发展和培养的基础。当宝宝听到或看到某件有趣的事时，经过判断后，就会哈哈地笑了。但要注意，宝宝的幽默感与成人的幽默感是不同的。另外，不同的宝宝幽默感也是不同的，外向的孩子，幽默感就比较外露，内向的孩子，幽默感就比较含蓄。宝宝的幽默感主要来自父母。尤其是在学前阶段，宝宝就是父母最真实的镜子，潜移默化中，父母的许多特点在孩子身上都得到再现。

所以，要培养孩子的幽默感，爸爸妈妈看看自己是不是也需要培养幽默感？当然，要培养宝宝的幽默感就要先对幽默有正确的认识。有人说："幽默既不像滑稽那样使人傻笑，也不像冷嘲那样使人于笑后而觉着辛辣。它是极适中的，使人在理智上，以及在情感上感到会心的、甜蜜的微笑的一种东西。

那么，从现在就开始宝宝的幽默里程吧？

幽默感的几大支柱

幽默不是独立的，它和宝宝其他成长因素也有很大关系，主要有以下几点：

积极乐观的心态；

自信。真正幽默的人，非常善于自嘲，这种自嘲实际上是建立在自信的基础之上；

敏捷的思维能力，理解能力和语言表达能力。

一个不快乐、不自信的宝宝是很难幽默的，没有敏捷的思维能力、理解能力和语言表达能力，宝宝也不会幽默。所以，家长在培育宝宝幽默的时候，要对宝宝这些因素加强培养。

家长要创造幽默环境

在宝宝成长过程中，若总是处于一个轻松、愉快的气氛，会使宝宝体验到快乐，并促使她以快乐的心情来看待周围的人或事物，有利于幽默感的形成。在 3 岁前得到父母疼爱与照顾的宝宝，经常会表现出比较好的幽默感。

父母的幽默感也是宝宝幽默的重要来源。如果家长本身没有一点幽默感，可以去看一些幽默作品，许多大师都有幽默的特色，比如钱钟书、巴尔扎克、欧·亨利等人的作品，家长通过提高自己的幽默来感染宝宝。

给宝宝讲轻松幽默的小故事

轻松幽默的小故事对潜移默化地培养孩子的幽默感很有帮助。它可以说是不大幽默的家长教育宝宝幽默的法宝。

许多儿童文学作品中的主人公都是幽默的行家，并且十分乐观。即使遇到困难也能用自己的聪明才智克服，这些好的榜样，让宝宝能够了解乐观的意义。

尝试让宝宝讲故事

宝宝的幽默感需要锻炼，爸爸妈妈可以给宝宝机会让她们有幽默的空间。当然，爸爸妈妈要给予宝宝配合，不要在宝宝费劲地讲完之后，说声"一点儿也不好笑"，那么宝宝会深受打击，此时爸爸妈妈为宝宝由衷的笑才是宝宝进行下一步幽默的动力。

幽默宝宝小手段

1～2岁：冲宝宝做鬼脸

出生不久的宝宝在适当的时候给宝宝做个鬼脸让宝宝体会初步的幽默，记得不要弄得太恐怖，不然会吓到宝宝，当宝宝2周岁时她们就能从身体或物品的不和谐中发现幽默。

3～4岁：让宝宝扮"奶奶"

3岁宝宝能认识不和谐中潜藏的幽默。妈妈戴上爸爸粗大的男式手表时，孩子就会一边摇头一边大笑不止。所以，妈妈可以让宝宝扶着奶奶的拐杖，行步蹒跚，她会边模仿边大笑。

第二十八节　0～3岁宝宝社交智能发展蓝图

小女孩生来就有从别人那里寻求回应的需求，她们有发出信息和乐于接受母亲回应的本能。这种父母双向交流是一切社会交际的基础。

1～3月

此时宝宝想听、想看，家长可经常和宝宝进行目光交流，当你发现宝宝在注视你的时候，你可以和她说话，引起她的注意，她会非常高兴。经常逗逗宝宝、抱抱宝宝、微笑着对宝宝点头，宝宝就会很高兴，甚至动手动脚了。

阳光明媚的时候，妈妈可把宝宝抱到户外，让她看看周围的小朋友和陌生人，并在看的时候慢慢地给宝宝反复地说。当宝宝接触新鲜的事物，听到新鲜的词语，就能对其语言能力和社交能力有潜移默化的影响。

3~6 月

宝宝要与外界沟通的兴趣更大，不甘寂寞，经常抱宝宝出去玩，让宝宝多接触生人，有助于宝宝社交智能的发展，而且还能减缓宝宝即将出现的怕生现象。

尽可能地陪宝宝，和她一起唱歌，做有节奏的游戏及玩玩具。无论给宝宝做什么，一定要与她多说话，尤其当宝宝主动向你发出"咿咿呀呀"的声音时，一定要予以回答。

如果此时让宝宝一个人独处她会很不满意，于是为了吸引人会发出么么、叭叭、嗒嗒等各种声音，有时还会假咳嗽和咂舌。如果大人还是没有注意到，她们就会表现出眼睛无光，用小手遮住脸或转过头，必要时会生气地大哭。有的宝宝遇到陌生人就转过脸表示害羞，甚至害怕地大哭起来。所以，爸爸妈妈要对宝宝这种情绪进行安抚。

这个时期，做些亲子游戏很有必要，在游戏中宝宝可以体会到交流的乐趣。

6~9 月

继续让宝宝多与同伴、家人以及陌生人交往，在与小朋友的接触和玩耍中，正确地引导宝宝树立同情心和竞争意识，使宝宝自信、豁达、开朗、友爱、勇敢，使宝宝在将来的社会竞争中健康和幸福。

有些宝宝这时还有怯生、焦虑的情绪。对于陌生人，宝宝此时可能还会有害怕的感觉，所以，此时最好不要让陌生人抱宝宝，也不要马上"丢弃"宝宝去和客人亲热（宝宝会有"冷落"、"被抛弃"的感觉）。最好的办法是让宝宝渐渐适应客人，知道客人不是危险的。当有些熟悉后，可以让陌生人和宝宝玩玩具，抱宝宝，这样宝宝就敢于接近其他陌生人了。

这时可以交给宝宝一些礼貌的用语，如再见、谢谢等。注意时常赞扬宝宝，培养宝宝的乐观向上情绪。

1 岁宝宝

1 岁左右的宝宝已有了社交的意愿，他们在路上看到其他小朋友，会用手指指他，爸爸妈妈要多给他们创造机会，培养宝宝记住一些社交礼仪，比如"再见"。经过教育宝宝还会把食物送到别的宝宝嘴巴里去。

1 岁宝宝已经有了一点幽默感，她喜欢让别人笑，并且知道和妈妈分别时要亲吻。这时你如果拿走她的玩具她会很生气，所以妈妈要多多鼓励宝宝同小朋友交换玩具，分享快乐。交换会让孩子体会到放弃一样东西并不是什么大不了的事情，同小伙伴分享自己并没有什么损失。

通过交换玩具，宝宝就开始了与小朋友的最初意义上的交流。值得注意的是，宝宝此时只适应一对一的玩耍，所以，一起玩的小朋友最好少一点，不要超过 3 个。另外，宝宝不喜欢和别的小朋友一起玩的时候，父母不要坚持。大多宝宝都愿意同自己熟悉的伙伴一起玩，家长要给宝宝提供适当的条件。

1 岁 ~ 1 岁半

喜欢参加社交聚会，能够理解"谢谢"的含义，在听别人谈话时，自己也能说一两个有意义的词，当听到"不"后能停止自己做的事。喜欢注视大人们的行为并模仿，对家里人、宠物、洋娃娃表现自己的爱，能够帮爸爸妈妈一点小忙。

爸爸妈妈要给予宝宝社交的空间，比如尽可能将别的孩子介绍给她。由于宝宝可以做些事情了，所以可以让宝宝做些力所能及的小事，培养她助人为乐的好习惯。

1 岁半 ~ 2 岁

已经可以和小朋友和睦相处了，不过还是喜欢得到大人关注，同时会要些小手段。如，抓你的手臂、撞你、故意做出格的事和不服从你，以求让你注意她，但她和别的宝宝一起玩时却能改变自私行为，与之和谐并很少争吵。

大人此时要多给宝宝提供交流的游戏以及各种有助于一起玩的玩具，并且要及时表扬她的合作分享行为。

2 岁 ~ 2 岁半

有了很强的独立意识，很想和别人分享玩具或其他东西，一起玩时，总想把自己的意愿强加于人，有时发生不愉快也是在所难免的。此时妈妈要让宝宝学会处理自己的小事情，如，要尊重别人的所有权，和别的孩子有矛盾要用温和方式解决。

3 岁

宝宝变得更独立了，有同情心，也更能容纳别人，能和别的宝宝及大人建立起友谊。

 教女小贴士：过度怕生的宝宝可能患有社交恐惧症

6 个多月的宝宝，最近总是不愿上街，在屋外时总要把脸藏在妈妈的怀里，遇见陌生人打招呼也不再微笑，常常看着看着小嘴一瘪，哇哇大哭起来。要知道原来的她，见到每个人都会甜美的笑起来，这是怎么回事呢？

是宝宝认生了，认生是宝宝发育过程中的一种社会化表现。一般宝宝从 6 个月就开始认生，8 ~ 12 个月达到高峰，如果家长教育好的话，随着运动能力的加强、活动范围渐渐扩大，宝宝又会变得活泼可爱，喜欢和其他人一起玩了。

不过，不是所有的小宝宝都能顺利地度过这一时期：

玲玲快 4 岁了，爸爸妈妈因为工作原因，把玲玲送进幼儿园。但是，没想到几周后，幼儿园老师告诉玲玲妈，玲玲可能有社交恐惧症，建议进行心理辅导。

玲玲妈和玲玲爸十分诧异。因为玲玲每天看见父母就笑逐颜开，回家也不停地说在幼儿园学到了什么新东西。后来，玲玲妈和玲玲爸进行了"幼儿园侦查"。

侦查的结果大出他们的意料：上课时，老师提问玲玲，她总是低着头、红着脸，也不知道说些什么；自由活动时，小朋友们大部分都聚在一起玩，但玲玲却自己一个人在边上玩积木……

想想平时带玲玲散步，见到同院的叔叔阿姨，玲玲从来不叫，要么装没看见，要么死命地拽着妈妈的衣角往身后躲。

玲玲的这些表现就有些社交恐惧症的倾向了，但是并不十分严重。玲玲的爸妈请教了幼儿心理医生，在医生的帮助下，玲玲很快摆脱了"社交恐惧"的状态，和其他小朋友开始了自己的社交活动。

那么，什么样的宝宝患有社交恐惧症呢？专家总结了以下一些社交恐惧症宝宝的特点：

不愿到人多、热闹的场合；

怕见生人，甚至与熟人谈话时都感到紧张和脸红；

有时会口齿不清、口吃、不敢抬头看人。

严重的社交恐惧症宝宝，在与人交往中出现惶恐不安、出汗、心跳加快、手足无措等现象。

不过，宝宝这些表现常常被家长误认为宝宝老实、听话、不顽皮。其实，这是宝宝的心理出现了一定的问题，是孩子自卑的表现。很多时候宝宝的社交恐惧症是家庭教育失败的结果。过分干涉，偏爱，过度保护，都会引起宝宝的社交恐惧症，另外，缺少父母情感的温暖和理解，严厉、惩罚都是宝宝社交恐惧症的元凶。

另外，如果宝宝生活在一个敏感、家庭关系紧张的氛围中，如父母经常吵架，婆媳关系不和等，宝宝也会产生自我退缩、封闭的防御心理，进而发展到以后害怕面对所有陌生人。

要想宝宝避免摆脱社交恐惧症，家长可以从以下几个方面入手：

系统脱敏，治疗早期认生

这是用来帮助小宝宝克服胆小、认生的行为。

具体做法是：当宝宝面对陌生人的时候，先让宝宝在远处看看陌生人；然后离得近一点，让宝宝接触陌生人。当宝宝渐渐信任陌生人时，鼓励宝宝与陌生人相处，这样宝宝的焦虑和恐惧就会逐渐降低。值得注意的是，妈妈或者爸爸一定要在宝宝旁边，或者先抱着宝宝。

随着宝宝独立能力的发展，社会适应能力的增强，认生现象会很快得到扭转。那么，宝宝的社交恐惧的萌芽也就被彻底清除了。

带宝宝到人群中去

父母应该扩大宝宝的交往范围，多带她去商店、社区广场、一些小朋友和大人都很多的地方。让宝宝试着摸摸阿姨的手、动动爷爷的拐杖、推推小朋友的车，让宝宝感受人群的善意，让她明白什么样的人，该怎么称呼。这对于预防宝宝社交恐惧都很有帮助。

早发现，早治疗

父母应该及时观察自己对待宝宝的行为是否恰当，尽早纠正不恰当的教育行为。另外对于宝宝，也要注意观察，给予她更多爱护、表扬和鼓励。当发现宝宝出现社交恐惧症倾向时，带宝宝进行及时的治疗是很重要的。

下面一组克服羞怯的运动，最好家长和宝宝一起做。在和宝宝交流时，消除宝宝的心里隐患：

两脚平稳站立，轻轻地把脚跟提起，坚持几秒钟后放下，每次反复做30次，每日做3次，可以消除心神不定的感觉。

第六章

开发语言潜能，打造优质宝宝

语言是每个女孩子与生俱来的优势。早在10~13个月时，她们就用自己的天赋"宣言"了，而男宝宝还要等上3~4月才会说话。3岁的女宝宝就可以清楚地表达了，而男宝宝4岁半才能做到。那么，对于宝宝的这项先天优势，你要怎么去开发呢？

第二十九节　第一次说话

有位妈妈的宝宝女儿现在快 2 岁了，但是还不会说话（一岁左右的孩子就能够说话了）。虽然宝宝什么都知道，可就是不开口说出来。当爸爸妈妈问她什么时，她就用手指给爸爸妈妈看。如果她想要什么，就拽着爸爸妈妈拿。不过，有的要求手势也表达不清楚，宝宝就像热锅上的蚂蚁，又哭又叫。

其实这位小宝宝早在七八个月时就有讲话的愿望了，甚至能够清楚地讲出"狗狗"、"灯灯"、"爸爸"、"妈妈"等词。但是，第一次说话被爸爸妈妈忽视了。

当时妈妈和父母同住，爸爸在外地工作。宝宝时常会对着外公叫"爸爸"。当然，外公很尴尬："错啦，错啦，你叫错啦，我可不是你的爸爸，我是你的外公，你要叫我外公才对啊！"纠正多次之后，宝宝就开始不叫外公爸爸了，但是也不去说话了。

爸爸妈妈忽视了宝宝第一次的说话，宝宝竟开始"金口难开"。可见第一次说话对宝宝语言发展的重要影响。所以，身为父母千万不要错过宝宝的每个细节，因为哪怕一个小小的疏忽都会带给宝宝无穷的灾难。对于宝宝说话，有些细心的家长，早在宝宝说话之前就进行了准备工作。

因为在每个宝宝能够清晰说话之前都有一段语言的萌发期，他们会嘴里煞有介事地咿咿呀个不停，你却猜不到他们在嘟囔什么。最近美国和加拿大的研究者通过一项专题研究发现，"牙牙学语"实际上已是婴儿在学习"真正意义"的说话。我们也可以说，这是宝宝的第一次说话。

这个阶段的宝宝，学话的进程比想象的都要早得多，这个主要在 1 岁以内。

1 个月宝宝：听到陌生人的说话声时，吮吸奶瓶的速度会加快；

2 个月宝宝：可以发出响亮的"啊啊"声向你做出反应，有时还带有微笑；

3 个月宝宝：能分辨出不同的说话声之间的区别，这正是学习语言的一个最为基础的时期；

6 个月宝宝："牙牙学语"时不时地会夹杂进故意喊叫以引起大人的注意，有的宝宝这个时候就能够清晰的叫出爸爸妈妈了；

1 周岁左右宝宝：语言明显频繁、复杂起来，当他们加入音节，拼读出来时，你就发现宝宝开始说话了！

我们看到宝宝第一次说话其实是一个过程，在这个过程中，爸爸妈妈如果进行了密切关注，并对宝宝看似并无意义的"婴儿语"做出积极的反应并加以鼓励时，那么宝宝的语言天分就会汩汩而出了。否则，因为疏忽，本来 7 个月的小宝宝就能说话了，但是到了 2 岁还不会说话。

下面是宝宝这一时期说话，家长应该做到的事情：

对宝宝的"牙牙学语"积极反应；

不要对宝宝发音的准确度要求过高；

鼓励宝宝反复使用学会的那些单词，比如在玩娃娃时，对娃娃的重复；

及时发现宝宝的生理缺陷；

避免语言环境过度复杂。

这些方面很重要。在此强调一下，如果宝宝因为爸爸的缺少，就会引起宝宝语言走进"盲区"。有些家庭中，父母、爷爷、奶奶、保姆方言不同，宝宝就会困惑，导致说话晚。所以，纯化语言环境也是半岁后宝宝语言发展的重要前提。

第三十节　女儿的语言潜能从何而来

两岁半的琪琪现在已经会说 120 多个英语单词，发音标准，口齿伶俐，在她所在的小区都快成了新闻人物。那么什么原因让琪琪有了这么高的英语水平呢？其实，琪琪妈妈并没有怎样教给宝宝英语，因为家里有生意，实在忙不过来，就把刚刚一岁半的琪琪送进了小区的一家私人幼儿园。而幼儿园就是琪琪英语学习的开始。

幼儿园一共才十几个宝宝，大的有五六岁了，小的就像琪琪一样。因为宝宝少，所以园里的宝宝都是集体上课。老师在教大宝宝英语时，琪琪就在一边玩一边听。琪琪在园里待了大概一年，当老师考大孩子英语单词时，有的孩子答不上来，琪琪却在旁边说得清清楚楚。

老师很惊讶，就试着考考她，发现只要是老师教过的，没有琪琪不会的。除了100多个单词外，琪琪竟然能说些简单的英语句子了，比如，"go to work""How old are you?"

琪琪超常的英语水平，向我们证实了女宝宝的语言潜能。据研究，女宝宝自2岁起就比男宝宝更会说话，即使是龙凤胎，女宝宝学习语言的能力也比男孩强。

研究人员对3000对龙凤胎进行了研究，研究员询问了这些孩子的父母，这些孩子从出生到两岁时学100个词汇的情况。结果表明：男孩在两岁时平均懂得44个词汇，而女孩则懂得52个。

最终，研究员将女宝宝的语言天赋总结为基因因素。他们认为，由于两性的基因产生了不同的激素作用，让男宝宝和女宝宝出现了的语言能力的分歧。并且这种分歧不仅表现在她们的幼儿时期，并且持续在以后的学习和生活中。比如，在以后初中、高中甚至大学学习语文和英语的时候，女孩的整体水平远远高于男孩。

家有女宝宝的话，就不要忽视她的语言潜能，因为语言作为思维的外壳，它直接影响思维的发展水平。在婴幼儿时期对女宝宝的语言潜能进行大力开发，有利于女宝宝的智力提升。成熟的语言潜能以听、说、读、写能力为主，但3岁前宝宝们就完成了听和说两项潜能。爸爸妈妈可以在这两个方面对宝宝进行开发，当然，也可以用读和写作为辅助，但是记住千万不要"强宝宝所难"，否则她会产生厌烦情绪，影响她以后的语言发展。

第三十一节 3 岁语言爆发现象

3 岁是人类心理发展的一个分水岭，也是孩子学习语言的敏感期（蒙氏教育认为，孩子在某个月龄段里，会对某种特定技能表现出强烈的兴趣和学习能力，这就是宝宝的敏感期）。

孩子出生后，父母的都盼着自己的孩子尽快学会说话，用稚嫩的童声叫"爸爸""妈妈"。但是宝宝似乎不大理会爸爸妈妈的期待，直到有一天，爸爸妈妈们突然发现，自己蹒跚学步的孩子似乎一夜间词汇量有了迅猛增加。不光学会了爸爸妈妈，甚至连爷爷、奶奶、娃娃一大串的词汇都可以叫出来了。

语言专家研究表明，这很可能是一种"滚雪球"效应。他们对这种爆发现象进行了专门的研究，研究发现，孩子学习语言不是慢慢地一字一句地学习，而是存在突然的"语言爆发期"现象。2 岁之前，他们对语言的把握很模糊，但 2 岁之后突然某一天他们就能够很容易地掌握各种复杂的表达技巧了，甚至会使用不同时态和语态的动词或者连词，另外他们还会使用长句和分句了。

这个年龄段的孩子已经从无意识的状态过渡到有意识的状态。并且他们建立了自己的生存群体和特定社会阶段所特有的心理结构和语言表达机制。

如何让孩子在语言爆发期完成语言的潜能开发？把握他们这一阶段学习语言的特点就十分最重要了。

0 ~ 1 岁：预备期

这一时期我们在前面进行了详细的介绍，在此，只是提醒爸爸妈妈多和宝宝交流。尤其是在喂奶、抚摸、安慰的时候，应温柔地对宝宝说话。

宝宝喜欢妈妈的声音，从妈妈的声音中，他不但能够得到情感的慰藉，也能够在潜意识里储备大量的语言。

1~2 岁：关键期

1~1 岁半的宝宝语言发育还处在对语言的理解阶段，他们理解的词总比说出的词要多得多，所以大人在和宝宝交流时，可以故意加强某个重点字和关键动作，帮助孩子增强语言表达的能力。例如，爸爸妈妈可以着力表达"捏"、"抓"等关键词语，增强宝宝对特定动作的理解。

在宝宝语言中单字句较多。宝宝们在观察成人的语言中学会使用有意义的字词。他们能用一个词来表达整个的想法，并且将这个词与动作、表情等身体语言相结合，比如宝宝说"抱抱"时，手就会跟着伸向大人。不过，宝宝此时不太明白词字的词性，名词动词混用的情况较多，爸爸妈妈要予以纠正。

1 岁半至 2 岁是宝宝学习语言的关键阶段，在他们的语言中开始出现双词句，词汇量不断增加，2 岁的宝宝词汇量可以达到 300 个左右。另外，他们还将自己的娃娃音逐渐转变为成人的语言方式。

由于这个时期的宝宝反抗十分强烈，在自己意见的支配下，他们开始学会使用否定句和疑问句。

2~3 岁：突发期

这个阶段的宝宝可以理解简单的代名词，并会倾听别人说话并发表自己的意见，和大人进行交流，并且他们的语言使用开始进入三词句阶段。宝宝会说："我要吃糖。""我要去公园"等简单的短句，有时还会出现复合句比如"不要你了，我自己睡"。3 岁左右时宝宝的词汇量可达 1000 个左右，会用代词"他"，会说儿歌。

在蒙氏教育里，2~3 岁阶段被视为是宝宝语言的突发时期。你会发现宝宝会突然冒出一句新鲜词语，但是你觉得自己从来没有教过他。这种语言的爆发，是宝宝自发的，没有任何明显的理由。短短的三个月内，宝宝可以从不太会说话，到学会使用各种名词、动词以及句子的排列。

宝宝这个时期的语言飞速发展，家长更需要采取行动来提高宝宝的语言素质。记住和宝宝说话，语速不要太快，可以适当重复宝宝的讲话。

另外，家长还会发现，宝宝在这个时期开始变得好奇起来，"这是什么？""为什么？"等带有探索世界的好奇出现，家长不要打击宝宝这种好奇，而是要根据宝宝的好奇，让宝宝尽可能多的接触世界，扩大宝宝词汇量和知识量。

值得注意的是，如果 2 岁多的宝宝还不开口说话，爸爸妈妈就要为宝宝进行相关咨询和检查。

第三十二节　怎样给孩子丰富的语言刺激

"语言"是人与人沟通最直接、最有效的方法。当宝宝发出第一声语言时，爸爸妈妈都会觉得非常感动又欣慰！不过，爸爸妈妈千万不要认为"时间到了孩子自然就会讲"，因为宝宝发展需要刺激，因此给予宝宝丰富的语言刺激，才能帮助宝宝的语言发展！

那么，父母该如何适时地刺激孩子的语言发展呢？

要想了解这个问题，爸爸妈妈需要知道影响语言发展的两个因素：硬体因素和软体因素。

硬体是指宝宝身体的健康状况，健康的宝宝，语言发展较好，体弱多病的孩子，语言发展就会受到影响而变慢，如智力过低、耳部疾病、脑性麻痹的宝宝，必须用特殊的教育方式，才能帮助他们发展语言能力。

软体指宝宝外在的学习环境，家庭关系良好、互动语言较多的宝宝，语言发展较好，而家庭关系不好，没有受到足够关心的宝宝语言发展就比较差。

而我们在此给宝宝语言刺激，指的是给予宝宝后者——软体因素的加强。家长可以从以下几个方面加强宝宝的语言刺激：

婴儿语

父母多说婴儿语言可刺激宝宝大脑发育，初生婴儿的父母，很喜欢跟他们的子女，有一句没一句的"un－gu－gu"、"bu－be－bu"地说话，这些话在旁人眼中看似毫无意义，但对婴儿的大脑发育有实际帮助。因为此时宝宝可以听懂爸爸妈妈的"婴儿语言"，从中也就提升了宝宝语言的发展能力。

刺激视听感官

视觉、听觉是语言发展不可或缺的基本能力。虽然0～6个月的孩子不会说话，但可以吸取词语的信息。其中，妈妈的眼神可以很好地刺激宝宝语言发展。许多母亲都亲身经历过，与还不能说话的婴儿交流，眼神起着重要的作用。如果给宝宝讲故事，妈妈眼睛却看着别处，宝宝的注意力会很快从妈妈身上移开。所以，和宝宝在一起，妈妈一定要把眼神锁定在宝宝身上。

在孩子的眼睛里，所有的文字都是以图的形式表现的。爸爸妈妈要让宝宝多看看卡通、图片，宝宝在卡通、图片的刺激下，语言能力就可以得到很快的提高，不过，在宝宝看卡通、图片时，爸爸妈妈要在旁边解说，这样视听结合，不仅提高了宝宝的说话能力，还提高了宝宝对词句的理解能力。

倾听宝宝

这种倾听不是真要听宝宝说什么，而是用耳朵以及肢体拥抱等非语言与宝宝沟通。这种沟通同样是宝宝语言发育所需要的听说活动的一部分，他们在交流之中获得了足够的安全感和情感刺激，愿意做出积极的回应，刺激他们说话。

为宝宝提供说话机会

家长可以"少些关爱"，让宝宝学习说出自己的需求，如要抱抱、喝奶、尿尿等简单的词句。

扩大宝宝视野

宝宝的语言发展是通过不断地模仿、练习获得的。让宝宝多接触不

同的人、事、物，就可以全面地刺激宝宝的语言系统，爸爸妈妈带宝宝去超市购物、逛公园、探视朋友，宝宝在这个过程中，经过爸爸妈妈的指导就可以进行语言的模仿，刺激语言的发展了。

提供认知环境

父母需提供一个安全环境，让宝宝去摸、去探索、去操作他所看到的东西，这对语言的发展有很大的帮助。

提供适当玩具和游戏

给宝宝买些适当玩具如电话、汽车模型等，可增进他对各种词语的认识。爸爸妈妈可以和宝宝一起玩玩具，在和宝宝游戏的过程中，可以和宝宝进行交流，比如指着车子，说大的车子，让宝宝接触形容词、副词的使用。

当然，宝宝的语言刺激不是这样几点就能概括的，在生活中无时无刻不在感受新意的宝宝，对任何刺激都有着敏感的认知，家长可以适时、适地的对宝宝进行语言的刺激。比如，当宝宝对身体感兴趣时，妈妈可以告诉宝宝，手、脚、嘴巴等。

值得注意的是，好的刺激可以给予宝宝语言的发展，不好的刺激对宝宝语言发展是没有好处的。比如，尖利的噪音，妈妈的指责……都会阻碍宝宝的语言发展。

第三十三节　如何训练孩子说话

当你为宝宝总是哭闹、怎么哄都不行而烦恼的时候，就会叹道：要是宝宝会说话就好了，也不用我这样胡乱猜测了。看到同时出生的别家小宝宝嫩生嫩气地开始叫爸爸妈妈了，自己的宝宝还是睁着天真的大眼睛看着自己，语言不清，真是着急，我的宝宝什么时候能够和我清晰地说话啊！

其实，烦恼和着急都不如行动，只有对宝宝多多进行语言训练，宝宝才能对你大声说："爸爸，我要喝奶！"

那么，教宝宝说话有什么好的方法呢？根据儿童学习语言的特点和规律，心理、教育学家们有以下几个建议：

语言智能开发越早越好

早期教育工作者建议从婴儿出生第一天起，爸爸妈妈就要将语言交流融合于生活照料中，对宝宝进行语言的潜在开发。

保持幼儿对语言的好奇

对语言的好奇是语言智能高的宝宝突出的特征。这些宝宝喜欢语言，表现出极好的语感和对语言的鉴赏力。因为这时期宝宝的注意力还比较短，所以父母在进行宝宝语言教育时，要充分利用宝宝的好奇心，用各种方式来吸引宝宝学习语言。比如爸爸妈妈可以改变话题以维持宝宝的兴趣。宝宝刚把注意力集中在门边的铃铛上，不久她又会看看到门口的一盆花，这时妈妈要看到宝宝的注意力转变，对宝宝说："看，多好看的花！"

培养婴幼儿理解语言

宝宝在"咿咿呀呀"时其实她很想表达，但想说又不会说，可以帮助宝宝把她想说的话说出来，比如吃饼干时，就告诉宝宝："等着妈妈给你拿饼干去"，拿着饼干时，妈妈还可强化一下，对宝宝说："这是饼干，多好吃啊"，这正好说中了宝宝心里所想的。这样的语言可以使宝宝的情感得到共鸣，给予宝宝更大的鼓励，去学习语言。

要创造能促使婴儿不断咿呀学语的愉快环境

好的语言氛围对宝宝的语言学习十分重要。

当宝宝出生不久，妈妈的爱抚、语言和笑声，最能鼓励他做出咿呀反应。实验证明，甚至只播放母亲声音的录音带，都能使宝宝兴奋，用

咿呀学语对母亲的声音做出回答。

当宝宝长大一些，爸爸妈妈要进行亲子互动，亲子互动的品质和频率决定了宝宝日后沟通能力的好坏。一般来说，比较热情和敏感的父母会对宝宝学习说话的积极性起很大作用。

当然，在宝宝的居室中，爸爸妈妈还可以放置一些认字图片等，刺激其宝宝读的语言冲动。

教小儿说话要趣味化、游戏化

因为宝宝对事物的理解能力有限，心理上喜欢新奇事物。所以父母教育宝宝时，要尽量趣味化、游戏化。比如教宝宝说"再见"，妈妈说："娃娃睡觉了，明天见！"孩子就容易学会。

和宝宝说话时，最好面对面，让宝宝看清你的表情和口型，表情夸张、丰富一点。父母声音也要有明显的起伏，声调比较高，语速放慢一些。这样宝宝感到有趣，就会配合你学习语言。

从简单短语入手

当宝宝的注意力集中在某个事物上时，父母就可以进行语言的教导了。比如宝宝喝奶粉时，妈妈说"奶粉"然后再强调，指着奶粉说"这是奶粉"，这对于宝宝理解单词和语法很有用。

为了加强记忆，父母要实行重点强化的原则，不断重复。另外，在儿歌、童谣、歌曲上采用相同的方式，让宝宝听同一首儿歌、童谣、歌曲，宝宝的记忆就得到了强化，渐渐地就记住了。

语句有所拓展

这是很好的提升宝宝词汇的一种方法。比如宝宝的球掉了，说"球"，妈妈可以这样说，"宝宝的球掉了"。看到宝宝注意车，对宝宝说"看，一辆大汽车"。这种扩展是进一步"描述"的方法，家长可以对宝宝描述事物的颜色、形状、大小、状态等。这样在让宝宝了解事物性质的同时，提升宝宝对事物的认知。

让宝宝自己纠正发音

小宝宝刚说话时，发音会出现偏差，这时家长不要说，错了，不对，而是要多次重复发音，宝宝天生的模拟能力帮助他改正自己的发音错误。如果打击宝宝的积极性，宝宝就会对语言产生反感，语言潜能自然得不到最好的开发了。

总之，在宝宝学习语言的过程中，爸爸妈妈要全心全意为宝宝服务，只有这样宝宝的语言才能得到很好的开发！

第三十四节　父母教育宝宝说话的 N 个误区

研究发现，在宝宝语言教育过程中，父母往往会出现以下一些错误，导致宝宝语言智能不能很好地发展。

误区一：对宝宝要求过高

所有的宝宝在语言学习过程中，似乎都要经历类似的几个阶段，但是宝宝之间的语言发展不尽相同，这是宝宝个体差异影响的。

所以，爸爸妈妈不要因为看到别的宝宝的语言状态，就要求自己的宝宝也去做到，这样就会使得宝宝在语言自然习得过程中产生了过多的压力，宝宝反而会厌烦说话。

误区二：对宝宝的要求反应过快

当宝宝明白大人的语言，但是不能及时说出，那么她就会用身体语言来表示，比如宝宝想喝水，就指着杯子。这时许多家长都明白宝宝想喝水了，于是立即执行宝宝的命令，这种方法是错误的。正确的是引导宝宝用语言去表达自己的要求。此时家长可以忽视一下宝宝小小的愿望，给她一个空杯子，宝宝就会去为难自己说"水"了。

误区三：认为宝宝太小听不懂

这是许多父母出现的错误，因此这些家长的宝宝会出现语言发展缓慢。所以，在宝宝出生不久的时候，不要忽视宝宝的语言培训。

误区四：用儿语和宝宝说话

宝宝八九个月时，会出现"咿咿呀呀"学话。父母这时对宝宝经常说这样的话。如"汪汪（狗）""咕咕（鸟）"，这样的说话方式虽然让宝宝感到有趣，但是宝宝的抽象思维却受到限制。所以，为了使孩子的思维能力得到全面的开发，家长在教孩子学说话时，应注意将理性词汇和感性词汇相结合。

到了宝宝1岁左右，宝宝经常说"抱抱"、"饭饭"等词语，快到2岁时，宝宝学会了简单句，能准确地表达自己的意思，如说出"妈妈抱宝宝"，"宝宝吃饭饭"等。不过在这个过程中，有些家长会因为有趣，或者贴近宝宝，就学宝宝说话，这样做，可能会拖延宝宝过渡到说完整话的时间。

所以，在宝宝语言发展过程中，不要用宝宝语言和宝宝说话，如果觉得宝宝一些语言难以理解，可以用简单的字词来说，尽可能简短一些。

误区五：语言环境复杂

如果家里父母、爷爷、奶奶、保姆，大家说的方言都不一样，这会使得宝宝不知道模仿谁的发音，所以在半岁到2岁的语言关键期，大家最好都说普通话，避免宝宝的语言环境过于复杂。

误区六：不让老人和宝宝说话

有些父母上班忙就把宝宝交给奶奶爷爷看护，但又担心老人说的是家乡方言，会影响宝宝以后的语言发展，所以就一再叮嘱：不让老人和宝宝说话。

其实，这对宝宝语言发展非常不利，生来就喜欢听各种不同的声音

的宝宝，喜欢家长对他们说话，感受听觉刺激。而宝宝没有语言刺激的环境自然就会出现了听觉障碍，使得语言发展缓慢。

如果家长怕老人的方言传给宝宝，最好自己带宝宝。因为老人带宝宝会使得宝宝和父母不亲近，也缺少信任感，为宝宝以后的培养带来困难。

误区七：重复宝宝的错误发音

宝宝不可能一下就说出清晰流利的话，在他们清晰说话之前，总会出现一些语音的错误，比如把"吃"说成"七"，"苹果"说成"苹朵"等，这主要是因为他的发音器官发育不够完善。

所以，家长不要重复宝宝的错误发音，否则宝宝就会把错误的发音当做正确的，再想改过来就更难了。其实，家长只要不改变自己的语音，当宝宝器官发育好，自然就会得到纠正。

 教女小贴士：女儿为什么会晚说话？

宝宝语言学习有一个基本过程，因为个体说话的确有早有晚，不过一般的宝宝1岁左右开始牙牙学语，说几个简单的词句，到了3岁就能比较明确地表达自己的意愿和要求了。

如果你的宝宝说话比较晚，比如2岁多，甚至3岁还不会说话，或者发音不清晰就要对自己和宝宝进行双方面检查了。下面是一些婴幼儿研究专家总结的宝宝说话迟的几项重要原因，家长可以据此分析一下自己的宝宝为什么晚说话。

看电视时间较长

有很多家长为了让宝宝保持安静就会让宝宝连续看电视，甚至认为电视画面的频繁多变会锻炼婴幼儿的反应能力，其实这是错误的。

英国曼彻斯特的幼儿语言专家萨利·沃德博研究认为，电视画面会影响语言思维，电视语言的单向性使得婴儿缺乏语言交流，婴儿语言能

力受损后危害极大。

对于2岁以下的宝宝来说，看电视时间过长，无疑是他们语言的杀手，最后会导致宝宝表达能力不强。

如果你总是让宝宝自己看电视，现在宝宝出现了语言障碍，那么现在就立即停止吧，注意和宝宝多多交谈，宝宝的语言还会赶上其他的宝宝。

语言发展差异

这是不可否认的语言现象，有些宝宝快，岁了，仍不爱开口，但从他们偶尔的发音中，父母可以听到他们会带出成句的语调，这说明宝宝的语言能力在发展。

因为他们不说，所以就出现了晚说话，其实他们一旦说话，可能就是成句的话，只是由于缺少发音，字音还咬不准，不过这可以在以后的语言发展中得到矫正。

不过，到了3岁左右，孩子就会具备基本的语言能力，他们之间的差异就不大明显了。

成长环境

宝宝语言环境的好坏是影响宝宝语言发展的重要因素，没有好的语言环境，宝宝就会出现语言发育迟缓的问题。

听力障碍

这是许多家长不愿面临的事情，因为没有听力，宝宝能够说话是很困难的。不过有些宝宝对关门、击掌有反应，家长以为他们的听力是良好的，但是，有时宝宝是听不到一些高频声音的，所以，宝宝以后声音就出现了无抑扬顿挫的变化，发摩擦音困难，如Z、C、S、F等。

所以，家长在教宝宝说话时，一定要多多注意宝宝语音情况，出现疑问最好去医院检查。

第七章

智能多元开发，养出智慧女儿

古人说，"女子无才便是德"，不过现代的女人没有才只能成为"花瓶"，当青春不再，"花瓶"只能沦落为"瓦片"。其实，一个女孩是否成为"花瓶"的关键在于父母。因为在她很小的时候，一样有不输于男孩的智慧。

第三十五节　记忆力，
贮藏父母和世界的种子

有位 1 岁多的小宝宝和家人在客厅一起休息时，自己拿出图片卡，边看卡片边自言自语地念叨：妈妈、奶奶、爸爸、爷爷、阿姨……瞬间全场安静，大家十分吃惊，宝宝这么小竟然记住了这么多东西……

是的，想过没有，当宝宝叫你第一声妈妈、爸爸的时候，就告诉了你，宝宝记住了妈妈和爸爸。在她幼小的世界里，她把这两个词当做第一份礼物送给父母，这多么令人欣慰！

随之而来的是一串的问题：宝宝的记忆力是怎样的？她什么时候有了记忆力？宝宝的记忆力要怎么培养？

下面我们就从这几个问题入手，揭开宝宝贮藏父母和世界的种子——记忆力。

一、宝宝记忆的特点

记忆力是宝宝不可缺少的基本能力，在记忆的过程中，他们把生活中所获得的知识和经验加以保存、积累和巩固。要想让宝宝记忆力惊人，就要根据宝宝记忆的特点，采取一些特别的方法给宝宝的记忆力全面充电。不过，小宝宝的记忆可不像大人那样。

琳琳和妈妈有说有笑地走在去商场的路上。突然，琳琳指着路边的一只小斑点狗兴奋地嚷了起来："妈妈，我昨天就看见这只小花狗了。"妈妈亲了亲琳琳："瞧，琳琳真聪明！现在还记得这只小狗。两礼拜前，我们就看到这只小狗了。"

我们看到琳琳和妈妈的记忆方式是不一样的。琳琳记不起视野以外的东西。这就是为什么在新生儿时期，只要宝宝的需要得到满足，她就乐于和任何人待在一起，并且她们总会说些天真的谎言。所以，家长很

有必要了解婴幼儿记忆的特点，以便更好地教育他们。

以无意记忆为主，形象记忆占主导地位

当你嘀咕着"我那东西放哪儿去了呢"？宝宝要是在你身边，他可能一下子就能帮你找到（前提是：你放置东西时宝宝在身边），这就是宝宝非常擅长的无意记忆，不要为此吃惊。0~3岁宝宝对鲜明、生动、有趣的事物非常感兴趣，像"幼儿园"、"汽车"、"飞机"、"火车"等都是具体形象的概念，重复多次后，宝宝就能够不费力地记住。不过，他并不会把这些东西的具体形象和概念联系起来，所以，家长在教育时，要反复进行强化。

以机械记忆为主，不善于理解记忆

由于3岁的宝宝年龄小，没有知识和经验，所以他们在记忆中，往往只能根据材料的外部联系，采用简单重复的方式进行机械识记，并且这种记忆十分随意性，没有目的和意图，凡是感兴趣的、印象鲜明的事物就会记住。可以说他们的大脑就像一架照相机，可以不假思索就拍摄下周围的一切。但是对于他们拍下来的东西并不理解，所以我们看到，宝宝不理解唐诗、英语单词等，但仍能背诵很多唐诗、英语单词。这种机械记忆有利于帮助宝宝掌握多的知识，在此基础上爸爸妈妈进行讲解，随着年龄的增长，宝宝逐渐可以进行理解记忆。

记忆活动容易受情境或情绪影响，并带有情绪色彩

宝宝的情绪记忆大约开始于6个月或更早些，这种记忆源于宝宝自我控制能力比较差，所以，记忆活动很容易受情绪的影响而出现差异。并且那些富有情绪色彩，特别容易记住。比如使他们愉快或令他们悲伤、气愤的事情或情景，宝宝记忆会很好。另外，宝宝心情好，记忆效果就好；心情不好可能就什么都记不住。

所以家长在教宝宝记忆的时候，千万不要强迫宝宝，并且教给宝宝的要是一些富有感情色彩的（积极的最好）。

记忆内容在头脑中保留时间较短

3岁前宝宝的记忆内容在头脑中保留时间较短，一般不会超过一

年。如果爸爸在外学习一年后回到家中，宝宝就会把爸爸当成陌生人，不要爸爸抱，这时爸爸大可不必伤心，因为宝宝的记忆是有限的。

宝宝记忆的时间具体来说：（当见过的事物不在眼前时）1 岁以内的宝宝根本没有记忆；2 岁左右的宝宝可以记忆几天以前的事；3 岁左右的宝宝可以记忆几个星期以前的事。

二、宝宝记忆力发展进程

子宫

专家认为，孩子在第一次看到妈妈的 24 小时后仍能认出她，这是因为宝宝在子宫里就倾听母亲的声音，感觉母亲羊水的特有气味，这种气味因人而异，所以分娩后他仍然能认识妈妈。

3 个月

可以记住前一天他第一次看到的东西。出现认生现象，说明宝宝的记忆力已经能够让他分辨熟人与陌生人了。

5 个月

最远可以记住两周前他第一次看到的东西。

9 个月

能记住母亲的某个特殊标志并将其从人群里认出来。一旦将孩子和母亲分开，"分离性焦虑"（一旦他意识到他会和母亲分离并单独留在一个地方，他会不安、哭泣等）就会产生。

10 个月

9 个月以后，婴儿的活动记忆能力开始发育，他的大脑已经能够准确地捕捉到发生在他面前的事情。如果你把一个他正注视着的目标物体藏起来，他会下意识地去寻找它（而在这个阶段前，一旦玩具离开宝宝的视线，他就忘记了它）。

1~3 岁：有了较长时间的记忆

1 岁的宝宝，尤其 2 岁以后宝宝的记忆力开始迅速增强，能够长久地记忆他经历的一些事情以及他接触到的事物，这是因为他们脑容量增加了。

三、怎样培养宝宝的记忆力

记忆力好坏虽然与遗传有着一定的关系，但并不完全取决于遗传因素。只要训练得当，宝宝的记忆力通过后天努力也可以得到大幅度的提升。

记忆内容的正确性是记忆力好坏的最重要标志，另外，记忆速度的快慢，在记忆内容中提取所需要信息的速度，记忆保持时间的长短也是衡量宝宝记忆水平高低的重要指标。所以，培养和提高宝宝记忆力，就要提高记忆的这个方面。

根据宝宝记忆的特点，家长可以采取以下两种方法：

用生动形象、有声有色、颜色鲜艳的东西作为记忆材料。

宝宝出生6个月出现形象记忆，这时妈妈可以让宝宝认识吃过的食品、周围环境中的物品、图片、玩具。

在日常生活中，在游戏活动中训练宝宝的记忆力。

这是培养宝宝记忆力最好的方法，在此，我们提供一些帮助宝宝记忆的小方法。

为玩具起名

把宝宝喜欢的玩具排成一队，举办庄严的命名仪式，让宝宝为它们起名。可以从三个玩具开始，逐渐增加玩具。一段时间后，你跟宝宝商量，由你给它们命名，然后让宝宝复述。

交朋友

带宝宝到外面交一些小朋友。当宝宝和其他小朋友认识之后，可以问宝宝一些问题：小朋友叫什么？带小朋友的是谁？宝宝和小朋友玩了什么？这个游戏在训练宝宝时不仅培养了宝宝的记忆力，还提高了宝宝的交际意识和交际能力。

讲故事

给宝宝讲一个简单的图画故事，事先提出要求：等会儿你讲给爸爸听。记住要让宝宝熟练之后给别人讲，这样宝宝讲得顺利了，就有了成就感。值得注意的是在宝宝记忆的过程中，要给予宝宝适当的提醒，防止宝宝因为总是记不住打消了讲故事的兴趣。

当然，提高宝宝记忆的小方法有很多，只要家长有心，一定可以找到很多。

第三十六节　想象力，女儿自我创造的起点

0～3岁是宝宝想象力最为活跃的时期，想象力几乎贯穿于宝宝的各种活动中。小女孩会认为月亮公公每天晚上守护自己睡觉，小白兔会说话，太阳有脾气，说谎话就会长出大象的鼻子，她们用手帕给布娃娃擦眼泪，拿着图画书给布娃娃讲故事，这些在你看来可笑的行为，正是宝宝的天真的想象在"作祟"，她们夸张的"胡思乱想"，也正是这时期宝宝想象的特点。

不要觉得宝宝这些奇怪的想象没有什么用，要知道世界上凡是具有创造性的活动，都是想象的结晶。没有想象，人类就没有预见，就没有发明创造，就没有艺术创作。而宝宝的想象正是人类最初时期的对世界的初步探索。他们通过想象，把现实中看到的表象加工改造成新形象，这就是一个新事物的创造过程。

对于宝宝来说，想象还能活跃她的思维，有利于智力的发展。所以，当宝宝出现无意想象时，爸爸妈妈不要对宝宝的想象不屑、嘲笑、训斥，这只能抹杀宝宝的想象力，最好的方式是有意引导孩子进入有意想象和创造性的想象。

一个具有非凡想象力的宝宝，她的想象不会仅仅是模仿，比如老师教大家画天空飞翔的鸟儿，非凡的宝宝会画出一个小孩子或者其他的小动物在飞，而不仅是鸟儿。不过，在许多幼儿园里，宝宝的想象都被家长或者老师抹杀了，当我们让宝宝随意画一些自己喜欢的事物时，许多宝宝只会愣愣地看着，因为他们不知道自己要画些什么。

所以，不去抹杀宝宝的想象力是大人要做的第一件事情，而开发宝

宝的想象力是大人要做的第二件事情。每个宝宝天生都有想象力，不过，他可能还不知道该如何开始。所以，大人对宝宝想象力的培养就十分重要了。

那么，家长如何培养宝宝的想象力呢？

首先，根据宝宝想象力的年龄特点，培养宝宝的想象力

宝宝想象力的发展与年龄有密切的关系。大人只有根据宝宝的年龄想象力特点，才能提高宝宝的想象力，否则就会抹杀宝宝的想象力。

比如，给不同年龄的宝宝同样一个火柴盒，1 岁左右的宝宝会用嘴咬、把它扔到地上来看看火柴盒的奥秘。1 岁半的宝宝明白了火柴盒有什么用处，他会把一些自己喜欢的小东西塞进火柴盒。2 岁的宝宝已经具备足够的想象能力，他会把火柴盒盖在自己的玩具上。3 岁以上宝宝想象力十分了不起了，一个火柴盒在他们眼里可以是快艇、小动物的家、魔术盒，甚至一些我们想不到的东西。

下面我们分年龄看看宝宝的想象力特征：

1 岁半宝宝

开始玩假装游戏，基本没有什么创新的成分，大多是他生活的简单重复。

2 岁宝宝

宝宝的假装游戏则加入了自己总结的行为，让假装游戏复杂起来。如在电话游戏中，宝宝会学着大人的样子，拿着玩具电话，对着话筒说："喂！你好！你是谁呀？"然后，像真的一样进行闲聊，最后也会煞有介事地说"再见"，挂断电话。结束他的通话游戏。

2 ~ 3 岁宝宝

2 ~ 3 岁宝宝积累了大量的社会生活印象，游戏的内容丰富起来，他们开始进行角色游戏。女宝宝喜欢把布娃娃当做主角，给它穿衣、洗脸、喂饭，只要大人给予适当的引导，宝宝此时在游戏中，想象也就开始形成和发展起来。

其次，为宝宝准备提高想象力的活动

为宝宝讲异域的新奇的故事

这是开发宝宝想象力的好办法。要知道，如果宝宝从来不知道海龟，他怎么能想象自己是只海龟呢?

所以，给宝宝看各种各样的图片，从蜜蜂到翼龙，发挥自己的潜能给图画中的动物和交通工具配音，给不同的人物选择不同的声音，为宝宝讲在这些人物、动物身上可能发生了什么事。

提高宝宝想象力，也是发挥自己想象力的过程，只有爸爸妈妈让宝宝意识到：原来可以这样! 那么，他们也就会动用自己的小脑袋开始想象的旅程了。值得注意的是，不要给宝宝放 DVD 或者电视，这会让宝宝懒于想象，直接把这些东西形象化。

为宝宝提供适合他的游戏

游戏是宝宝天生的伙伴，游戏也是宝宝想象力提高的好方法。

儿童智力发育专家认为，想象游戏会让生活更加丰富。富于想象力的头脑很少会感到无聊。宝宝在游戏中，把现实生活进行重新创造。特别是一些角色游戏和造型游戏，宝宝在其中会随着扮演角色和游戏情节的发展变化，而加入自己想象的游戏内容。她的想象也就得到了极大的提高。

提供宝宝想象力的道具

想象力游戏的最佳道具经常都是些很简单的东西，这包括一些玩具和生活中的各种用品。宝宝可以将毛巾缠在头上做头巾，把塑料珠子当名贵的珠宝，把旧的浴室地垫当做魔毯，爸爸的黑色风衣当做自己的隐形衣……

宝宝将自己的想象力赋予在接触的每个物品上，所以当宝宝在家中进行想象力而大搞破坏时，不要对她大声呵斥，而是要引导宝宝，将这些想象秩序化，否则，当家里真的成为星球大战的地点时，你一定会惩罚宝宝，其实是因为你对宝宝的想象没有进行正确的引导。

好奇心

宝宝对周围一切事物都充满了好奇心，这正是创造性想象力的源头。他们瞪着大眼睛怀着一种要发现世界奥秘的愿望，去观察、去想象、去发问。所以当宝宝问："小鸭子为什么不能飞？""宇宙超人什么时候来地球？"……一些很简单或者很奇怪地问题时，一定要耐心地回答，即使自己不懂，也要温和地对宝宝解释，保护他的好奇心，珍惜他的想象力。

倾听与欣赏宝宝的想象力

帮助宝宝发挥自己想象的最好方法就是当个好听众。也许你的宝宝，宝宝的语言技巧还不那么娴熟，也许表达还不是很清晰。但是只要你认真听她为你讲的故事，你就可以从中看到她想象力的闪光点。宝宝也会因为你的倾听而乐于去想象。

当然，提高宝宝想象力的方法还有很多，比如，带宝宝到大自然中去；鼓励宝宝多想，敢想，等等，只要大人多多留意，多多指点，宝宝的想象力就会得到很好的发展。

第三十七节　注意力，什么吸引了她的视线

妈妈看到，前一分钟的宝宝还在玩积木，后一分钟的宝宝就抱着洋娃娃到处乱跑了。想休息一下让宝宝安静地自己玩玩具，但是没有两分钟，她纠缠着你，要你讲白雪公主的故事。孩子的屁股，三分钟热度。不要责怪宝宝，因为他们现在注意力还比较弱。

3 岁前，宝宝控制注意力的能力较弱，注意是被动的，只有新奇的、让他感兴趣的东西或事情出现在眼前才会多注意些时间。

不过，随着宝宝每天清醒时间的延长，注意能力也迅速得到发展，持续注意一件事情的时间更长。比如，宝宝刚出生时，睁开眼就盯着眼前的东西看或东张西望，但是不到一分钟就不喜欢看了；当宝宝到了 1 岁时，他们可以有 5～10 分钟的注意力；到了 3 岁，一般的宝宝能够有

15 分钟的注意力。

专家研究发现，注意能力与儿童神经系统的发展密切相关，并和具体的对象、活动、兴趣、情绪因素有关。美国丹佛大学心理学副教授 Janette Benson 说："各种不同的经历有助于形成大脑内神经中枢系统间的相互联系，儿童可以由此不断得到新的信息。"正因为这个原因，宝宝对某件事的兴趣很快就消失了。

不过，爸爸妈妈千万不要眼巴巴地看着宝宝一会儿东风吹，一会儿西风吼的。因为如果宝宝的注意力不能得到提高，对她以后的生活影响很大。法国生物学家乔治·居维叶说："天才，首先是注意力。"宝宝若没有足够的注意力，学习和做事不能专心，不仅学习品质差，学习效率也很低，所以父母还是要在宝宝的注意力上努力培养。

值得注意的是，宝宝注意力分散的程度是与生俱来的，不同的宝宝注意力是不同的。有的宝宝比较专心，天生注意力不容易因外界分心，而有的宝宝则相反，只要有风吹草动，她就去干别的事情了，这样的宝宝就比较分心。

其实，专心宝宝与分心宝宝各有长短。专心宝宝做事情专注，但比较难哄，而且如果过于专注一件事，也容易忽视其他的事情，所以，需要家长提醒他们哪些地方疏忽了。分心宝宝容易抚慰、好哄，但是三心二意的她，则需要家长来提高她的注意力了。

在此强调的是注意力的形成虽然与先天的遗传有一定关系，但后天的环境与教育的影响更为重要。从出生起就有意识地培养宝宝的注意力，那么宝宝的注意品质与能力就会得到很快的提高。

由于不同时期宝宝的注意力是不同的，我们在此分年龄进行宝宝注意力培育指导。

0~1 岁提供丰富的感觉刺激，吸引宝宝的注意力

有人说，刚出生的婴儿还谈不上存在注意，其实不是的。宝宝出生后，每天在妈妈的细心照料下，心灵得到滋润，情绪变得安定，就开始

注意周围的事物了。而最能引起宝宝注意的，就是她的妈妈了。

2 个月的宝宝可以集中注意力，但时间很短暂，注意的内容主要是人脸或色彩鲜艳发亮、有响声的物体。

4 个月的婴儿视线开始灵活，能从一个物体转移到另外一个物体上。经过持续发展，到 1 周岁，婴儿能集中注意力 2～3 分钟，可以找到物体。这个阶段的妈妈就要注意训练宝宝的注意力，用些玩具来延长宝宝的注意力。

前面我们介绍的一些彩球玩具、有声音的玩具以及妈妈的脸在此都可以使用，提高宝宝的注意力。

1～2 岁利用宝宝的好奇心与兴趣培养注意力

这时的宝宝认知能力迅速发展，注意力也持续发展。在父母的指导下，她的注意力能够达到 4～5 分钟。宝宝这时喜欢强烈、新奇、富于变化的东西，比如会唱歌的卡片，会跳的小青蛙，会自己走路的小娃娃等，都能调动宝宝的好奇心，让她集中注意力去观察、摆弄。我们看到这时的宝宝注意力都是在自己感兴趣的事情上，以无意注意为主。所以，此时给宝宝尽量选择有趣、丰富、鲜艳、富于变化的图画，宝宝会很投入、很专心，父母进行适当的引导，宝宝的注意力就得到提升了。

爸爸妈妈这个阶段提高宝宝注意力，应该侧重于宝宝注意力的广泛性和综合性，这样宝宝才能得到多方面的发展。带宝宝到新的环境中去玩，如公园，宝宝在这里会看见一些以前未曾见过的花草、造型各异的建筑。还可以带他到动物园，看一些有趣的动物。

2～3 岁循序渐进养成宝宝集中注意力的习惯

宝宝这时已经能够专心致志地玩一个玩具了，而且可以集中注意力听你给她讲故事，但是专注的时间不会超过 15 分钟。有些宝宝集中注意力的时间更短，几乎片刻不停，忙忙碌碌，被各种事物吸引。这类宝宝注意力比较分散，爸爸妈妈应该及早给予纠正，否则会影响以后的学习，因为宝宝这时已经在为入园做准备，如果宝宝注意力不强，在幼儿园，表现不好心理就会被打击。

为了测试宝宝的注意力，爸爸妈妈可以交给宝宝投球入瓶的游戏。找一个小口的玻璃瓶以及几十个弹球，让宝宝把弹珠放进瓶子里，越快越好。给宝宝计时，如果宝宝在 2～5 分钟内投进 10 个弹球，就说明她的发育良好。

当然，如果宝宝顺利的完成，还可以选择口更小的瓶子，用黄豆代替弹珠来增大难度，这样就可以提高宝宝的注意力了。

如果你按照宝宝的特点培育宝宝的注意力，但是宝宝还是注意力不强，你就要从下面一些事情上找原因了。

学习的内容过重或过浅

有的宝宝可能十分聪明，注意力比较强，对爸爸妈妈给她提供的同岁小朋友的玩具看看就不玩了，因为她觉得没有难度，没有意思。当然，如果宝宝的智力有限，也会因为游戏很难而放弃。

所以，如果宝宝不喜欢某类活动，不要苛求宝宝，也不要过分苛求宝宝保持很长时间的注意力。这个过程更需要爸爸妈妈保持平和的心态。

家庭环境不良

如家里人口多、比较吵闹、父母脾气急躁、整天争吵不休、宝宝就会分心，注意力也就不强了。这时候，父母就要注意不要在孩子面前争吵，说话时声音要轻一些，并尽量让孩子自己去探索玩玩具的方法。

每次给宝宝提供很多玩具

每次提供给孩子的玩具不宜过多，两三样即可。

宝宝游戏受到打断

如果你的宝宝全身心在玩那件百玩不厌的玩具，注意力高度集中，

你这时去打断宝宝，不但会引起孩子的反感和烦躁，还会无意间破坏对孩子注意力的培养。

所以当宝宝因为你下班回来而放下玩具跑过来撒娇，你应该和宝宝一起把刚才的玩具收拾好，让宝宝的注意力得到延续。

让宝宝明确活动目的

如果让宝宝对活动的目的、意义理解得深刻点，那宝宝在活动过程中就会注意力更集中，持续时间更长。

在日常生活中，父母可以问宝宝"宝宝的帽子哪儿去了？"、"桌上的玩具少了吗？"，"爸爸今天的领带变了吗？"有目的地引导宝宝去注意，这样宝宝就会养成围绕目标、自觉集中注意力的习惯。

第三十八节　观察力，眼睛带来的渴望

她喜欢观察活的、动的物体，不喜欢观察静的物体。如小鸡吃米、小猫玩球、小狗打架、小金鱼游泳，她能看上很长时间。

她喜欢观察颜色鲜艳的东西，如花园里的鲜花、彩色的气球，不喜欢水墨画和素描。

她喜欢看大而清晰的物体图像，不喜欢看小而模糊的东西。

……

宝宝的观察和大人的可不一样，所以不要以为自己喜欢欣赏古董，就让宝宝也看个够，她才不理会古董上的什么纹理呢！如果你强迫宝宝看些她自己不喜欢的东西，那么她的观察力就会大大降低！

心理学研究证明，人的信息 80% ～ 90% 是通过视觉渠道得到的。生物学家达尔文说："我没有突出的理解力，也没有过人的机智，只是在感觉那些稍纵即逝的事物，并对其进行精细观察的能力上，可能在众人之上。"观察是人类获得智能和知识的首要步骤，自然观察也成为宝宝认识世界的主要途径之一。敏锐的观察力是想象力、创造力的源泉，对于孩子今后的智力发展十分重要，父母们不要掉以轻心哦！

俄国著名科学家巴甫洛夫给他学生留下的遗言说："观察，观察，再观察！"想要了解宝宝的观察力，先要做一个观察力强的父母吧！看看自己宝宝喜欢观察什么，了解他们的观察有什么特点。

除了文章最初提到的几点之外，宝宝的观察还有这样几个特点：

粗略的观察

宝宝是很难分清青蛙和蛤蟆的，他们只能观察差别大的物体。这是因为他们的视觉器官发育的还不够成熟，他们总是整体来看一个事物，所以他们容易记住事物的整体轮廓，而忽视细节。

随意的观察

这和宝宝的注意力不强有很大关系，由于宝宝的神经系统还不够发达，抑制功能比较差，因此在观察时，婴幼儿往往会随心所欲地进行。

如果妈妈对宝宝说，看！那花多漂亮！宝宝看过去，如果有只蝴蝶飞过，她的视线就跟着蝴蝶飞走了，把妈妈让她看花的事忘掉了。

家长在培养宝宝的观察力时，一定要符合宝宝的观察特点，宝宝看见什么，听见什么，触摸到什么就应告诉她什么，引导她怎么去看。

下面是培养宝宝观察力的一些要点：

培养孩子不断观察的兴趣

兴趣是宝宝观察的动力。如果孩子对一件事不感兴趣，家长强迫去做，孩子就会很容易产生逆反心理，达不到目的。宝宝喜欢色彩鲜艳、形象新奇、有趣会动、有声的事物，观察过程中喜欢伴随着动作，爸爸妈妈可以提供观察的相应对象，然后做好协助者和推动者，宝宝的观察兴趣就会得到提高。

引导宝宝进行有序观察

一般观察事物的顺序是由近及远，由简到繁，由局部到整体。让宝

宝学会按一定的顺序，一部分一部分地进行观察，如从上到下，从左到右，从整体到局部再到整体，这样宝宝的观察力就得到了提高。

当宝宝看到鲜艳的图片时，看过一眼就想看后面有什么更新鲜的。这时妈妈要引导宝宝：书上左边有什么？大的是什么？小的是什么？这个藏在房子后露出一条尾巴的是什么？引导宝宝从细节到整体进行观察。

用每个时机培养孩子的观察力

不是宝宝安静地看书，安静地画画才是培养观察力和专注力，日常生活中，每一个时机都可以培养宝宝的观察力，只有适时的引导和培养，宝宝才能学会自主观察。

教育孩子观察与思考相结合

这是观察中非常重要的一点，由引导宝宝观察到让她自己学会主动观察，并习惯对所观察的事物提出问题，因为提出问题也是一种创造性思维活动。

在培养孩子观察力时，父母应先多给宝宝提问题，有意识地引导孩子去观察那些容易被忽略的方面，长期训练后宝宝就形成爱思考的习惯，自己主动问爸爸妈妈问题，当宝宝提问时，爸爸妈妈要感到高兴，因为宝宝学会了自己去观察、思考，寻找答案。

让宝宝的观察多感官化

其实，宝宝天生就知道运用各种感官去探索新事物，所以只要没有危险，有些物品，可以让宝宝去摸一模、看一看、尝一尝、闻一闻。宝宝在多重感官的刺激下，就有更强的观察欲望了，并且观察也十分到位。

只有爸爸妈妈齐心协力培养宝宝的观察力，宝宝才会多观察、多思考，才能成为爱动脑、好奇、求知，思维敏捷的人。

第三十九节　创造力，改造自己和世界的第一步

爸爸带宝宝在楼下健身器材处玩滑梯。宝宝照例要从铁架子处向上爬，边爬边嘀咕"先拽屁股，再拽腿……"爸爸联想着宝宝向上爬的动作，还真是先拽屁股，再拽腿，于是为宝宝的"杜撰"哈哈大笑。

也许你的宝宝刚刚会说话，就会给你编些摸不着头绪的词语，让你忍俊不禁；也许你的宝宝刚刚会爬，就来往于室内各个房间；也许你的宝宝刚刚学会稍长时间地观察花朵，就要求你再和她去看花……宝宝用自己的视角和思维，想象创造了大人没有的世界，这正是宝宝创造力的体现。

身为爸妈的你，有没有经常为了安全考虑或时间限制而去阻止宝宝呢？你有没有总是把自己的经验强行灌输给宝宝呢？如果真是这样，那就是压制宝宝的创造力了！

在生活中，有些爸爸妈妈总是低估了宝宝的创造力，或因为过度保护和太多的介入，没有激发起宝宝的创造潜能。另外，还有一些爸爸妈妈，把宝宝的创造力想象的过高，没有对宝宝的创造力进行引导，也带来了宝宝的创造力潜能被埋没。

那么，创造力带给宝宝的是什么呢？

拥有较强创造力的宝宝，敢于与众不同、敢于冒险、富有创新精神，并且能够创造性地迎接挑战，他们有解决问题的能力，当他们长大后，能够应付变化、处理突发事件；把知识运用到新的情境中去；整合先前无关联的信息；用新方式运用旧信息……

在生活中他们不依赖别人，与他人的互动也会比较大方，个性比较开朗，并且忍受挫折的能力很强；

在艺术方面，无论是涂鸦，还是音乐，他们都有很强的天赋，因为

他的逻辑能力、语言表达能力、认知能力等都比同龄的孩子高。

在人际关系上，因为拥有创造力的缘故，他常会发表出令人赞赏的作品或言论，容易获得大家认同，所以，也就能建立良好的人际关系。

那么，一个创造力强的宝宝有什么表现呢？

创造力强的宝宝常常专心致志地倾听别人的讲话；爱细致地观看东西；有较强的好奇心；爱寻根究底，问大人为什么；喜欢煞有介事地反驳大人的观点……当然，一个创造力强的宝宝有很多特点，只要认真观察，就会发现他们与众不同。

值得注意的是，创造力并不专属于天才宝宝，而是每个宝宝都拥有的潜能。所以只要爸爸妈妈正确启发、引导，就会给宝宝的创造力发展带来无限可能。

0~3岁是宝宝发展创造力的关键时期，宝宝的创造力就如同一棵小树苗，只要细心灌溉，就会生长出繁茂的枝叶。但是，如果在这段关键时期，大人没有适度引导，甚至是揠苗助长，等到宝宝走入小学后，就很难再激出来了。

那么，父母怎样培养宝宝的创造力呢？

陶行知的解放理论

大教育家陶行知提出了六大"解放"理论，用来激发宝宝创造力：解放宝宝的头脑，使之能思；解放宝宝的双手，使之能干；解放宝宝的眼睛，使之能看；解放宝宝的嘴巴，使之能谈；解放宝宝的空间，使他能接触到大自然；解放宝宝的时间，不让他们去赶考。

爸爸妈妈们可以用这个理论指导宝宝的创造力。

下面是爸爸妈妈对宝宝创造力具体指导过程中注意的细节事项：

尽量避免示范

虽然模仿是宝宝学习的一个主要途径，但模仿的学习缺少独立思考，因此会在不知不觉中左右了宝宝的思考模式，而埋没了创造力的发挥。所以，家长在教宝宝时最好少进行示范。另外，由于大人的示范大多是个人本身的一种习惯，一些新的主意和想法根本没有机会"崭露头角"，所以宝宝经常受到大人的示范就会妨碍个人创造潜能的发展。

培养宝宝的独立性

家长应该相信宝宝，让宝宝动手做一些力所能及的事。当宝宝遇到困难时，要鼓励和启发他想办法克服和解决，但不能越俎代疱，这样宝宝的创造力才能得到发挥。所以，对于那些调皮捣蛋的宝宝要给予正确的引导。

尊重并肯定宝宝

父母对宝宝尊重和肯定是宝宝创造力的最佳动力。而这主要表现在对宝宝的自主性和独创性的肯定。独创性是具有创意或创新的独特见解，这样的创造力常是发明的前锋。值得注意的是积极的尊重与肯定是必要的，但是这不代表不批评宝宝的错误，因为一些特立独行并不等于是创造力。

珍惜宝宝的好奇心

好奇是宝宝探索知识奥秘的动力。好奇心愈强想象力愈丰富，创造性也就愈高。孩子对许多事情都感到好奇，凡事都想弄个明白。如不倒翁为什么推不倒，音乐盒为什么会出声音，他们敲敲打打的对待它们，全是好奇心所致。

父母要"不怕"

当父母怕麻烦的时候，宝宝的很多东西都会简化或忽略。怕宝宝的创造力麻烦自己，所以爸爸妈妈就插手干预或是动手代劳，其实，爸爸

妈妈多一分的帮助就是减少了一分宝宝的创造力。对宝宝来说，他们创造力是大人教怕的，比如说怕犯错、怕怪异、怕不正确、怕被笑。如果爸爸妈妈让宝宝的创造力"怕起来"，爸爸妈妈也怕宝宝的创造力，那么宝宝的创造力真的就会被"掩埋"了。

父母要教宝宝去动手

让宝宝自制的小玩具可以让孩子有一种创造的成就感，哪怕是一只纸折的小青蛙，一个剪贴的小汽车，又或者是亲手布置的卧房等，宝宝都会从中体会到快乐。下面是两个自己制作小玩具的方法。

制造花瓶子

找一个空矿泉水瓶，将彩色包装纸撕成碎片，平铺在桌子上。让宝宝在瓶子上贴上双面胶，再把瓶子在彩色碎纸上滚一滚，这样，一个漂亮的花瓶就做好了。

表情纸盒

找一个纸巾盒和几个不同表情的宝宝图片。教宝宝在人物图片背面涂上胶水，然后，按照正确的顺序，将图片贴在纸盒上，就做成一个纸盒宝宝。可以让宝宝说一说，每个面的纸盒宝宝是哭，还是笑；是高兴，还是伤心。

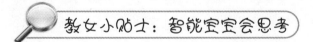

教女小贴士：智能宝宝会思考

西方有人说"我思故我在"，指明了思考的重要作用。对于新生的宝宝来说也是如此，所以让宝宝学会思考就是父母必须做的事情了。那么，对于女宝宝来说，她的思考教育应该是怎样的呢？

我们看到，长大后的女宝宝和男宝宝思考方式是很不相同的，男性是理性的代表，而女性则是感性的代表。当你培育自己的小女儿进行思考时，应该怎样培养她呢？有的家长会为了让自己的宝宝理性一些，于是不去让宝宝去学感性的东西，比如涂鸦、画画，而是教她怎么下棋。

其实，0~3岁宝宝思考时，家长不要限制宝宝的思维，因为宝宝这个阶段身心都处于全方位的发展，不能因为让宝宝理性一些就限制宝宝的一些行为，这对宝宝的整体发育是不利的。

那么，如何让孩子学会思考呢？在机械的记忆和死板的活动中，宝宝是不能学会思考的，只有在思考中玩耍，在思考中学习，她才能学会思考。

只要家长在培养宝宝思考时注意以下几个方面就可以了。

满足孩子的求知欲望

宝宝的求知欲是她先天属性和后天教育的合成品。如果家长对于宝宝的问题予以充分耐心地回答，就会使宝宝的求知欲得到满足，并且能够刺激宝宝去寻找更多的问题，来增长自己的知识，发展思维。

启迪孩子哲理的思考

哲理性思考即辩证的思考。比如家长对宝宝提出：要是所有汽车全部漆成黄颜色，好不好？为什么呢？宝宝在回答的时候，哲理性的思考就得到提升。家长在一些小的生活中，让宝宝初步感受事物是有一定的联系的，也是不停地发生着运动与变化的。如果宝宝哲理性思考教育的好，那么宝宝成年后就能辩证看问题，少钻牛角尖。

支持宝宝的自由想象

宝宝此时的思考并不是纯粹成人的思考，而是带有很大的幻想色彩，所以家长不要因为宝宝的问题问得"可笑"而打击了宝宝想象能力。

其实，带宝宝去博物馆，可以加深宝宝的这种想象能力，比如问宝宝"恐龙如果复活了，地球会变成什么样？"宝宝的思考就不会局限于眼前，而是更加宽广。

鼓励宝宝，宽容她的"破坏行为"

好奇心是宝宝的天性，它往往会驱使宝宝进行"有意破坏"，这是宝宝思维活跃的表现。所以，宝宝做事时，家长不要限制过多。如果宝宝失败了，家长应该鼓励她，帮助她找出失败的原因，鼓励宝宝克服困难，避免失败，而当宝宝破坏了什么东西，家长应因势利导地加以宽容与指导，如果无端斥责与打骂，必然会扼杀宝宝智慧和探索精神的幼芽。

培养宝宝的思维习惯

良好的思维习惯是会思考的保证，应从小培养孩子认真、专心的习惯。首先，爸爸妈妈要创造家庭思考的环境。在平时看电视、吃饭的时候，都可以提出一些简单的问题，全家人共同解决，注意不要忽略小宝宝的解决方法。

另外，在看书的时候，也是培养宝宝思考的好时机，比如妈妈为宝宝讲完白雪公主，问宝宝：白雪公主的继母为什么要害白雪公主？小矮人为什么要救白雪公主？然后和宝宝一起讨论，由此引起宝宝联想出一连串问题。培养宝宝边读书边思考的习惯，将使宝宝终身受益。

另外，在游戏中也可以让宝宝思考，比如宝宝玩电动玩具汽车时，汽车突然停下来了，宝宝着急地说："妈妈，汽车不动了。"妈妈可以引导宝宝："汽车怎么不动了呢？宝宝自己想想是为什么呢？"生活处处为宝宝提供思考的机会，那么宝宝的思维就得到训练和提高。

值得注意的是，有时候，宝宝的思考并不是正面的而是带有很强的反动性，他们会用犟嘴来表示自己的观点，所以，当宝宝犟嘴的时候，家长要先给予宝宝思考能力的尊重，进而正确的引导。因为很可能在平时，家长没有给宝宝思考的空间，宝宝就用这种方式发泄出来了。

第八章

从游戏中爬出智能宝宝

想问0~3岁的宝宝学什么，不如问0~3岁的宝宝玩什么。游戏对于这个时期的宝宝来说，不仅是生活，更是一种学习：积木搭出宝贝的空间感；过家家让宝宝学会了交往；拼图，让宝宝学会去动手解决问题……不得不说，聪明的宝宝是玩出来的！

第四十节　游戏，宝宝智能提高的加速器

想问0~3岁的宝宝学什么，不如问0~3岁的宝宝玩什么。

作为人生的第一步，游戏几乎成了宝宝除生存以外最重要的活动形式了。对宝宝来说，游戏是他们最喜爱的一种活动，因为游戏带给了他们快乐、天真与烂漫；游戏锻炼了他们的身体；促进了他们语言的发展；甚至在他们良好品质的形成，美的熏陶上游戏也是功不可没的。

当然，最受父母关心的是智能提高，其实，游戏手段也是不可或缺。

美国哈佛大学的霍华德·加德纳在上个世纪80年代，提出了多元智能理论，多元智能，即八大智能，代表了每个人所具有的8种不同的能力，分别为：语言智能、逻辑–数学智能、视觉空间智能、肢体–动作智能、音乐智能、人际智能、内省智能和自然智能。

霍华德·加德纳教授认为，多元智能中的8项能力从生命开始时就存在，只是个体在8大智能上的强弱会有所不同，8大智能每种能力的组合也不一样，但只要通过不同的方式进行结合和运用，人就可能完成不同的工作并解决不同的问题。

宝宝玩游戏很好地证明了这个理论。出生不久的宝宝就喜欢看颜色鲜艳的物体，随着时间的增长他们无师自通的就学会了爬行，甚至他们还把爬行当做自己喜欢的游戏。游戏带给宝宝们的不只是快乐，还有对他们多元智能的提升。比如，通过爬行，宝宝的四肢得到锻炼，运动智能提升，大脑的平衡能力、协调能力得到进一步发展，宝宝变得更聪明了，同时，也能为今后注意力的集中打下良好基础。

同样，在其他游戏中，宝宝也得到了锻炼。他们在摆弄玩具的同时需要分辨玩具颜色、形状、大小、轻重等各方面的属性。对这些属性的

辨认，需要他们动用手、眼、耳、鼻、舌、身各种感官进行分析，在大脑里形成各类的表象。

在一些智能游戏中，如魔方、拼图、搭积木，需要宝宝运用观察、思考、推理、判断等智能才能达到游戏所规定的目的。为达到目的，宝宝更努力地接近事物，从而养成了独立、主动的观察习惯，总的来说，游戏对宝宝的智能提升主要表现在以下几个方面：

游戏使记忆更牢固

这主要体现在宝宝的有意记忆上，由于极大的游戏兴趣，宝宝运用各种感官参加活动，手摸、眼看、耳闻、口尝等协同活动，使其印象更加深刻，玩具形象性更促进了宝宝直观形象的记忆，加上游戏中的语言和情绪的强化，宝宝的有意性记忆得到很大的提升。实验发现，在角色游戏里，宝宝记忆的无论是数量还是质量，都比平时高得多。

游戏使想象更丰富

好的游戏大多都是想象丰富的，因为游戏活动的支柱就是想象，宝宝在游戏中的一切活动都凭借想象进行。在游戏里，他们是主人，一切都要由他们支配，因为想象，他们的语言、动作和角色更相适应，反过来这些又促进想象力、创造力更快发展。

游戏使幼儿注意力更集中

注意力很短并容易转移是宝宝的天性，3 岁的宝宝对一种事物的注意力仅能坚持 5～10 分钟。但在游戏中，由于兴趣和角色、规则的要求，宝宝可以高度集中注意力并可以坚持 20 分钟。

游戏促进思维更敏捷

宝宝思维的产生，总是与外部具体活动分不开，以动作的形式进行分析、综合。宝宝的最初思维是用动作和直接感觉进行思维，但在游戏中，这种低级形式的思维发展为具体形象性思维，进而向抽象逻辑思维过渡。

第四十一节　0～3岁不同阶段儿童的游戏特征

是不是你的宝宝对你买回的玩具总是三分钟热度呢？是不是你和宝宝做游戏，宝宝总是兴奋一下就不玩了呢？有时觉得自己的宝宝天生就是没有注意力的，没有情绪的，真是让人上火。其实，先不要责怪宝宝越来越难侍候了，看看你为宝宝准备的游戏和玩具，真的适合她吗？

如果不适合的话，就快些对宝宝道歉吧！因为是你浪费了宝宝童年的快乐哦！

下面是宝宝不同时期的游戏特点、喜欢的玩具和游戏。

0～1岁宝宝游戏的基本要求和特点

宝宝刚出生的第一年，主要的精力是在"学习"，学习如何看清周围的一切，学习如何分辨出不同的声音，学习如何使用他的双手和双脚等。由于这一时期是宝宝感知觉（视力与听力）和动作发展的关键期，所以，此时选择的游戏和玩具应能有效促进其感知觉和动作发展。

0～3个月宝宝，主要应该搞些重复刺激的游戏，以增加婴儿的记忆。如给宝宝唱童谣，让婴儿听铃声、听音乐、看颜色、看玩具等。挂彩球是不错的选择，宝宝喜欢看色彩鲜艳的物体，当他的视线不断改变追踪彩球时，眼睛和脑部的机能因为锻炼就会更加灵活。

3～6个月宝宝：玩颜色鲜明、能发出声音的玩具。

6～9个月宝宝：双手已比较灵活，能够拿起玩具玩了。爸爸妈妈可以让宝宝学习一些双手的动作游戏。另外，宝宝这时还可以玩短时间的"藏猫猫"游戏。

9～12个月宝宝：会组合各种玩具来做游戏，这时宝宝喜欢带有敲、打、扔、丢、拉、扯的动作游戏，这些游戏可以开发宝宝的思考能力。

1～2 岁宝宝的游戏基本要求和特点

1 岁多的宝宝，已能站立行走，应提供给他们推拉玩具、皮球等。宝宝的手部肌肉发展了，爸爸妈妈可以让他们做些手部的游戏，比如穿珠、小积木、小餐具及玩沙、玩水等。由于宝宝的行动能力增强，好奇心也随着旺盛起来，父母可以带宝宝到大自然中去。2 岁的宝宝想象力很强，她会把所有圆圆的东西都说成像太阳，此时家长不要嘲笑宝宝的稚嫩的想象，而是要给予宝宝鼓励并进行培养。宝宝这时语言有了很大的发展，家长可以对语言进一步培养；宝宝的记忆力也有很大进步，已经能够理解一些抽象的概念，如今天和明天、快和慢等，能够从一数到十。

下面介绍几个这时期开发宝宝智力的游戏：

摆书

选择 20 本宝宝经常看的图画书，父母和宝宝一起，一本一本把书堆起来，当宝宝会自己摆放后，父母可以在一边鼓励宝宝单独行动，把书堆起来。这样可以让宝宝了解顺序和分类。

让玩具回家

宝宝这个时间已经有很多玩具了，妈妈要告诉孩子，玩具累了，该让他们回家了。宝宝放玩具的地方最好能够有区别，一些宝宝喜欢的要放在需要宝宝努力才能够到的地方。这个游戏，可以让宝宝自己动手克服困难，另外，还教育了宝宝要有责任感和自己养成良好的生活习惯。

2～3 岁宝宝的游戏基本要求和特点

2 周岁是宝宝成长过程中的一个新的里程碑，此时宝宝的身心发展也越来越呈现出幼儿的特征，他们开始有了自己的思维、自己的个性和更多的自主行为。在身体素质上，他们能够有节奏地跑步，各部位都能活动，所以此时可以培养宝宝的进取心。这时也是孩子语言能力最发达的时期，因此，妈妈要多同孩子说话，多做同语言结合的游戏。

3 岁的宝宝可玩的玩具比 2 岁前更多了，除了继续玩上一阶段的玩具外，还可以玩各种积木、智力积塑、各种插片，简单的图形拼图、拼版等。

宝宝的小画书

平时和宝宝一起收集一些广告纸、旧杂志，报纸上的玩具、汽车、食品、房子、动植物、日常用品。然后和宝宝一起把它们粘在 A4 的白纸上。

具体做法是，先和宝宝一起欣赏收集的图片，然后让宝宝自己挑选自己喜爱的。交给宝宝用固体胶棒涂抹图片，然后，和宝宝一起把它们粘在 A4 的纸上，最后用小夹子，让宝宝把几张画片夹在一起，就变成了宝宝自己做的一本小画书了！最后，妈妈用一张白纸做封面，写上"宝宝的小画书"

比较照片的不同

准备两张全家福照片。一张是爸爸、妈妈和宝宝；另一张是爸爸、妈妈、宝宝、奶奶。（其他人也可以，要求与第一张有明显区别）。

先拿出一张照片，让宝宝看照片上都有谁，并让宝宝说出来。然后再拿另一张，让宝宝看照片上有谁，让宝宝说出来。最后，把两张照片放在一起，让宝宝看一看，照片中哪张人多，哪张人少，少了谁，给宝宝一分钟时间。

这个小游戏每周训练 2 ~ 3 次。可以锻炼宝宝的观察力和分析力。

第四十二节　积木搭出宝宝的空间感

很多试验证明女宝宝的空间感相对男宝宝来说，不是很好，这是由女宝宝自身特点决定的。虽然女宝宝的性别已经决定了她们的空间感先

天偏差，但是家长还是可以通过游戏来提高宝宝的空间感的，比如——积木。

也许，你现在还在迷惑，为什么要提高宝宝的空间感？那么，在此简单介绍一下：

如果我说它会影响孩子将来的职业选择，你相信吗？当然一个人将来所从事的职业有很多因素在起作用，但一个空间感强的人，择业的机会就会多一些，比如建筑师、工程师、室内设计师、服装设计、雕塑、摄影师、美术设计……机会就会更大一些。

也许你觉得不喜欢自己的女宝宝做这些工作，这也没有什么。但是往近一点说，空间感有助于她学习数学和自然科学，女宝宝长大后步入初中、高中，一般数学等理科成绩不是很好，这和她们的空间感不强有很大的关系。而从现在开始提高她们的空间感，也许你就可以改变宝宝过度偏科的倾向，从另一方面说，就是减少了宝宝的学习压力。

当然，空间感和生活关系最大的一点是，它可以帮宝宝不会因为迷路而让爸爸妈妈操心。

那么，积木为什么可以提高宝宝的空间感呢？

构建空间概念

孩子很喜欢用积木搭建漂亮的建筑物。在建造的时候，你把积木一块块地码起来，码到一定高度时，让宝宝用手去推倒。看到积木倒下来的样子，宝宝通常会开心地大笑。虽然这只是一个很简单的"搞破坏"的游戏，但对宝宝来说却是一项提高空间认知能力的重要活动。

学者 Leeb－Lundberg 通过一系列研究发现，宝宝刚开始在搭积木时，要想象每块积木在建筑物中的位置，她先学习线条的排列组合，接下来是运用空间的垂直性来建构塔楼，当他们成功的组合直条木和塔楼时，便接触到了有关数学的长度、重量，以及科学的平衡、稳定和引力等概念，同时把它们运用在其中。另外，在搭积木时，宝宝将接触一些和数学有关的概念如：平衡、形状、对称、重复、比例等，虽然他们当时并不理解，但是这为他们储藏了潜意识的艺术灵感。

当你看到宝宝将每块积木摆放在最适当的地方，那么，你就知道了宝宝的空间感基础已经形成。如果认真观察宝宝搭的积木模型，还会发现这正反映了他们所观察到的真实环境的实际结构，他们通过积木模型，来模拟他们所认知的建筑。

现在可以给宝宝准备积木，让宝宝来塑造空间感了。

当然，搭积木也需要宝宝成长到一定的年龄，刚出生的宝宝因为手部小肌肉没有发展，并且他们甚至连坐也不可以，让他们玩积木游戏肯定是不行的。只有当宝宝手部可以做一些捏、拿、握等动作，有一定的注意力时，才具备了玩积木的基础。

不过在 1 岁以前，虽然宝宝不会搭积木，你可以让宝宝认识一下积木，此时宝宝已经能够两只手拿着积木相互比配、相互对击敲打着玩耍，并且已经能够做到有意识地松开手，将积木放到盒子里。

1 岁以后，宝宝开始去模仿爸爸妈妈搭积木。不过，虽然他的手是有意识地往积木上面放，但总是搭不上。家长可以适当协助宝宝，并给予宝宝鼓励，虽然此时对于宝宝的空间感锻炼很小，但是可以提高宝宝的手、眼、脑的协调能力。

宝宝玩积木的最佳年龄是在 2～3 岁，这时的宝宝已经具备搭积木的素质。

你可以把一堆木块摆到宝宝面前，指导宝宝搭积木。下面是交给宝宝搭积木的步骤：

步骤一：给宝宝做示范，告诉宝宝先用大积木垫底，妈妈先搭 2～4 块积木。

步骤二：用较小的积木或磁性积木，放在大积木的上面，保证积木搭成功。记住当宝宝成功搭成一块积木要给宝宝鼓励，这样，宝宝在成功中就体验到了搭积木的快乐。

当然，有些宝宝不喜欢搭积木，爸爸妈妈可先搭几块，只让她搭最

后一块，有必要的话，可以帮助宝宝进行，注意及时鼓励。

步骤三：宝宝学会搭3~4块积木后，要及时巩固成果，让宝宝保持搭积木的兴趣。以后即使爸爸妈妈不去对宝宝说，宝宝也会爱上搭积木。

记得当宝宝做完积木游戏，让她把积木整理好，让宝宝在空间感培养中，养成整理自己物品的好习惯。

第四十三节　过家家是宝宝交往的平台

专家指出，0~3岁婴幼儿最好的玩具其实是"人"，宝宝们最需要的不是那些很贵的玩具，而是皮肤有温度、能陪着他们一起玩的人。如果没有人陪着宝宝玩，即使有很多玩具他们也不会玩得长久。因为宝宝在玩玩具时，如果没有人陪，她的注意力就很容易分散，也易导致心理发育迟缓。

作为许多人一起玩的游戏，过家家可以说是宝宝最喜欢的了。当老师说："我们一起玩过家家吧！"许多小宝宝都雀跃起来。尤其是2岁多的小女孩，她们非常喜欢和别的宝宝一起玩过家家，她抱着自己喜欢的洋娃娃，像模像样地拍着哼着，嘴里念念有词："宝宝，别哭，宝宝听话，妈妈给你喂饭。"让大人忍俊不禁。

其实，不要小看过家家这类角色游戏，它能够很好地提高宝宝的社交才能。在角色游戏中，宝宝通过模仿和想象扮演各种角色，创造性地反映现实生活，他们通过对现实生活的模仿，再现社会中的人际交往，练习着社会交往的技能。游戏中，他们通过自己的"角色"体会到如何和其他小朋友进行交往。知道自己要和所扮演的角色行为相吻合，要把自己放在角色的位置上，这样就不知不觉地提高了自己的社交技能。

那么，具体来说，宝宝的社交才能是怎么在角色游戏中提升的呢？

分工合作，和平共处

现在许多宝宝都是"孤家寡人"，缺乏同伴，而角色游戏正好弥补了现代宝宝的社交"环境不足"。有些宝宝进入幼儿园总是不能适应，很大原因就是没有通过游戏适应与人交往。所以，当宝宝2岁多的时候，让他们走近小伙伴，进行角色游戏，是十分必要的。

因为宝宝们在玩"过家家"游戏时，乐于打下手和服从，甚至愿意当个小角色。在那里，大孩子们当爸爸妈妈，小孩子当孩子，各得其所，乐在其中。在这个过程中，孩子也就渐渐学会与人和平共处了。

共同商议，互相谦让

过家家游戏中，也会出现争吵：

一次过家家中，分配角色时，毛毛和玲玲都想当"妈妈"，所以因为谁要当妈妈吵起来。不过僵持了一会，两个人意识到再争吵下去，谁都玩不成，于是，共同商议后，决定分工合作：毛毛当抱娃娃睡觉、帮娃娃洗澡的"妈妈"；玲玲当给娃娃做饭、喂饭和给娃娃穿衣服的"妈妈"，然后两个"妈妈"一起陪娃娃上街去玩。

争吵让宝宝学会了如何共同商议、互相合作、互相配合的问题，同时，宝宝也会意识到公平的重要性，渐渐地就会为别人考虑、克服以自我中心心理。

性别教育：我是女孩子

在过家家时，许多女宝宝都喜欢当妈妈，她们在妈妈角色中，体会到女性的概念，这就是早期宝宝性启蒙教育。当然，如果你的女宝宝喜欢扮男性的角色，要适当给予宝宝教导，以防宝宝因为过家家出现角色的易位。

另外，在过家家中男孩女孩之间喜欢"拉拉小手"、"亲亲脸蛋"，

向其他人示好。大人不要过于紧张，去制止宝宝的游戏，否则，将自己的想法一味强加给宝宝，会影响孩子今后的恋爱能力。要知道孩子这种天真纯洁的感情流露，对于他们成年后的性表达能力有很大的帮助。此时的拉手、亲脸只是宝宝一种初始萌芽状态的性意识，只要予以正确引导，就可以改正过来的。

宝宝初次过家家需要爸爸妈妈进行指导，因为她们并不是一下子就能够很好地玩过家家游戏。爸爸妈妈可以在以下几个方面对宝宝进行指导。

帮宝宝选择游戏主题

让孩子自愿选择主题，而不能给孩子指定主题。

你可以问宝宝喜欢当什么角色，比如问宝宝："你是谁啊？"宝宝说："我是老师！"那么，此时你就可以给宝宝提供老师的玩具，这样孩子会受到启示，玩起"教学"的游戏。

指导孩子选择角色

一个角色游戏中有着几个角色，孩子选择哪一个角色，直接影响他对所玩的游戏的兴趣，所以不要过于干涉宝宝的选择。当然，家长也应根据孩子的特点，提出建议。如果自己的宝宝比较胆小，就可以建议她担任勇敢者的角色如"警察、法官……如果宝宝总是"服从别人"，就让她担任"医生""校长"等起组织作用的角色。

帮助孩子丰富游戏内容

孩子由于受自身知识积累的限制，游戏内容难免乏味枯燥，所以爸爸妈妈可以在游戏中担当一些角色，最好是"配角"，在游戏的过程中，给宝宝提供一些新的内容，这样宝宝才不会因为游戏枯燥而厌烦起来。

指导宝宝结束游戏

小宝宝一般沉浸在游戏中，不去控制游戏怎样结束，所以，爸爸妈妈要给予宝宝游戏结束的暗语。比如"商店下班了，要关门了""学校放学了""病人治好了"等。当然，游戏后的收拾工作，也要提醒宝宝。

第四十四节　拼图，让宝宝动手解决问题

有个小故事是讲拼图的，从中我们可以看到拼图作用：

一个记者在家写稿，他 4 岁的儿子吵着要他陪。记者很烦，将一本杂志的封底撕碎，对儿子说："你先将这上面的世界地图拼完整，爸爸就陪你玩。"过了不到 5 分钟，儿子跑过来说："爸爸我拼好了，陪我玩！"

记者很生气："小孩子要玩是可以理解的，但如果说谎话就不好了。怎么可能这么快就拼好世界地图呢！"儿子非常委屈："可是我真的拼好了呀！"

记者一看，果然如此。不会吧？家里出现了神童？他非常好奇地问："你是怎么做到的？"儿子说："世界地图的背面是一个人的头像。我反过来拼，只要这个人好了，世界就完整了。"

小朋友说："这个人好了，世界就完整了"这可以说是宝宝拼图的最高境界了。当然，现实中，拼图玩具何尝不是如此呢？他们用心一块一块地把图片拼完，不正是拼自己的世界吗？

虽然拼图玩具相对于其他玩具价格会便宜很多，但是，这并不会因此而逊色于其他玩具，它对提高宝宝的观察力和耐力很有帮助，我们看到，那个小男孩从人中拼出世界，这就是观察力的很好证明，所以，想给宝宝提供好玩具，而又不花太多钱，拼图真的是不错的选择。

现在我们来看看，拼图对宝宝的具体影响：

观察力的培养

观察是人获得知识的重要途径，玩拼图时，宝宝用眼、手、脑协调进行，从他玩有镶嵌式拼图，到以后的拼接分割块，以至破坏图案但切

割规则的拼图，再从平面至立体拼图，每一个拼图块，都需要孩子旋转不同的方向，从拼图的每一块图片认真细致地观察才能组合成功。在这个过程中，他们需要了解颜色和图形，并且逐步理解色彩的深浅、线条的曲直、图形的形状等，然后通过自己对事物整体与部分的关系的理解，完成拼图。

当然，宝宝在拼图的观察中也渐渐形成了自己对事物的看法和分析，思维活动也就十分强。在相互无关的画片中，寻找能够连接的结合点，对培养宝宝的思维能力是非常好的锻炼。所以，有人把拼图玩具比做是补脑的维生素。

耐心、抗挫折的培养

由于拼图是需要拆散、重组的玩具，因此在拼凑的过程中，宝宝需要足够的耐心去寻找适合的那一块图片，这样拼图就增加了宝宝对挫折的忍受度。

从宝宝进入拼图的世界中，到完成拼图后小小的成就感，到克服困难完成较大拼图后所获得的大成就感，其间她在拼图的每次成功中，获得了越来越多的自我肯定，也逐渐学会遇到困难时，透过不断地观察分析、专注、并耐心地投入到成功。这对宝宝日后学习、工作遇到困难时，具有能够承受压力、找到解决正确的方法有很大的作用。

培养宝宝动手能力和解决问题的能力

动手能力是人的一项重要能力，一些人很聪明，但是当去完成一件事的时候，往往不去行动，这就造成了失败。而动手能力强的人，不会因为不行动而失败。

动手能力的培养是从小开始培养的，并且不会因为一个人接受高等教育动手能力就会强。教育专家认为 3 岁到 8 岁是训练孩子的最佳时期，长大后比那些没有训练过的小朋友要强。拼图的一大特点是需要动手，是训练宝宝动手能力的很好的方式，宝宝们玩拼图时，必须反复地拿、转动不同方向、拼拼凑凑，这就无形的培养了宝宝的动手能力。

当然，拼图还有其他好处，比如培养平面组合的概念，懂得顺序、秩序、逻辑的意义，学习解决问题的方法及策略等，在此不一一述说。

现在，我们对拼图游戏的注意事项介绍一下，拼图虽然简单，但是宝宝同样需要家长去引导才能拼得好。

宝宝什么时候学拼图？

1 岁的宝宝会走路了，视野也宽了，认识事物和图像认知能力大大提升。这时爸爸妈妈可以和宝宝玩一些简单的可拼装的立体玩具。这可以帮助宝宝从拆分到拼装游戏中初步建立整体—局部—整体的概念。

2 岁的宝宝就可以玩"正式"拼图游戏了。爸爸妈妈最好让宝宝先从 4 片式拼图玩起。在选择拼图时，要注意拼图的图案、线条要大而清晰，颜色的区块要明显。

家长如何对宝宝拼图进行具体指导？

拼图的选择

宝宝刚刚玩拼图时，家长要选择图案简单、拼块大、块数少，质地较厚实的拼图。最好图案是宝宝喜欢的小动物、童话故事人物、动画卡通或熟悉的交通工具等。如果为宝宝选择了图案复杂、块数多的拼图，宝宝力所不及，那么，宝宝很快就会失去对拼图的兴趣。

不要责备宝宝拼图慢

拼图是培养宝宝耐心、细致观察事物的过程。刚开始，因为不熟练，手脚不灵活，玩得速度很慢，经常是老半天也拼不对一块图片。这时爸爸妈妈要耐心对待宝宝在拼图中出现的差错，鼓励他树立自信心。

在引导宝宝玩拼图时，等待是很重要的。所以，爸爸妈妈直接告诉宝宝"这块应放这里，那块应放那儿"，那会让宝宝很不满意，因为自

己的游戏被爸爸妈妈玩了。并且也会让宝宝养成遇到小困难就依赖爸爸妈妈的习惯，耐力和抗挫折能力也没有得到锻炼。所以，爸爸妈妈在宝宝拼图时，不要总是指手画脚！

让宝宝把图拼完

孩子在玩拼图的过程中难免会有拼错的时候，这时他们会感到受挫，表达不想玩的意愿，但是大人可以从旁协助他们，帮他们渡过难关，所以宝宝的拼图不能完成，爸爸妈妈可以协助他完成剩下的，这能教育宝宝做事要有始有终，不要半途而废，同时宝宝的兴趣也不会被打消。

 教女小贴士：扔东西，"坏宝宝"的好游戏

满1岁的欣欣，很不爱惜东西，到手后的玩具，非常珍惜地"研究"一会儿，然后就把它扔到地上，听着玩具在地上滚动的声音，非常兴奋的"嗯，嗯……"地叫着。然后，瞪着天真的大眼睛，示意欣欣爸和欣欣妈给她捡起来。捡起之后，她又兴奋地想要拿过来，拿到手之后，再次扔到地板上，然后又期盼着捡起来，前后这个过程不过1分钟。

有一次，她看到爸爸的手机，很想玩儿，爸爸忘记了女儿扔东西的"本领"，刚把手机给她，她拿起手机就往地上摔，爸爸一把没接住，气得爸爸抢起巴掌就要打……

这些天，欣欣家的唯一一个声音就是，"宝宝不要再扔东西了，这样不好！"真搞不懂自己家的女儿怎么跟蜡笔小新似的，成了一个搞破坏的天才。欣欣爸妈的"小棉袄"之梦摇摇欲坠了。

欣欣真的是个破坏东西的"坏宝宝"吗？其实不是的。

1岁左右的宝宝，正是大动作和小肌肉发展的关键期，也是发展感知觉的敏感期。在心理上，专家认为，1岁的宝宝自我意识得到了增强，他们通过扔东西来区分自己与客观事物的区别，这正是自我意识发展的第一步。而扔东西，男宝宝和女宝宝在这个时期都是很喜欢的。可以说，这是他们这个时期的一个好游戏。

宝宝对东西被自己从一个地方扔到另一个地方，就会感到很有趣。并开始欣赏、分析扔东西的后果，所以他们扔东西时，会觉得自己发现了秘密，在扔东西的过程中他们会发现平时所不知道的事情。比如，宝宝扔一个玩具，玩具发出"咚"的声音，他就明白了，原来"咚"的声音是因为它扔掉了这个玩具；当他把小球扔到地上，小球没有"咚"却连滚带跳地往前滚动，宝宝就会明白，原来他扔小球的行为可以让小球滚动。而当他扔纸片，纸片被扔出去时，轻飘飘地落地，但没有声音也不能滚动，所有这一切，对宝宝而言都是非常新奇有趣的。

另外，扔东西现象对宝宝来说，开始是偶然发生的，并没有引起宝宝注意，他也没有意识到自己的力量，所以宝宝就会出现重复扔东西。其实当我们了解到宝宝的感知比较笼统而片面，认识比较肤浅而表面，而他们对外界事物的认知是依赖于感知印象的，只有重复一种行为才可以加深他对外界事物的感觉、知觉和认知。这样我们就不会对宝宝"扔东西"大发脾气了。要知道，小时候你也可能是个"坏宝宝"，随意地扔东西呢。

当我们看到宝宝在反复扔东西的过程中，不仅能得到情绪上的极大满足和快乐，而且能增长不少见识和经验，也就不要对宝宝这个"坏缺点"而"耿耿于怀"了。

当然，很多孩子喜欢扔东西是想引起大人对他的注意，在扔出和他人拾起的过程中，建立了"授受关系"，发展了交往机会。当宝宝看到扔出去的东西在第一时间就被大人捡回来，她高兴地手舞足蹈，认为你在和她玩游戏，游戏的内容是：宝宝扔东西，大人捡东西。在这个过程中，她还认为你们形成了一种互动，显示了你和她的亲子感情。

不过，她可不会看你的脸色，不知道你并不愿意一而再、再而三地

去捡东西，也不知道自己扔的东西有多么贵重，造成了"破坏"。

如果宝宝把扔东西当做游戏，家长可以配合一下宝宝，因为在这个过程中，宝宝"扔东西"的游戏和其他游戏一样，起到了教育宝宝的作用。

当宝宝把东西扔到地上，不要对宝宝使脸色，问宝宝把什么东西仍在地上了？然后帮她捡起来。当然你也可以一起坐在地垫上扔不同东西玩，教会他将扔出去的东西自己爬过去或走过去拾起来。

在宝宝扔东西的过程中，还可以教育宝宝什么可以扔，什么不能扔，比如扔易损坏的东西时，要及时制止，告诉他会损坏的。虽然宝宝小，但是时间长了，他也会明白，有些东西是不能扔的。

这样在"扔东西"的游戏中，既满足了宝宝的兴趣，还让他在兴趣中学习、认识物体，而且教育了宝宝，有些东西不能扔，让他知道"破坏"的初步含义。

第九章
艺术宝宝的潜能开发

如果你的宝宝把家里的白墙弄上了乱七八糟的颜色，千万不要呵斥她："你怎么这么调皮！"因为她正创作自己人生的第一幅"画"，她可能还正等着你的表扬呢！不妨去问问她，宝贝，你画的是什么？也许，就是因为你问了这句话，你的孩子成为了天才的画家！

记住：每个孩子都有自己的艺术潜能，关键是你开发了没有。

第四十五节　每个孩子都是生活的艺术家

小宝宝出生不久，对声音和色彩就很敏感，他们不喜欢刺耳的噪音，喜欢柔和的音乐，他们不喜欢单调的线条，喜欢鲜艳的图片。当他们稍微大一些，对节奏就开始敏感了，能够跟着音乐的节拍把小屁股扭来扭去；还能够拿着小画笔，在家里墙壁上大展自己的"处女作"，自己认为很好，还让爸爸妈妈去欣赏自己的"墙壁作品"，真是让爸爸妈妈又气愤、又吃惊。

也许你不认为宝宝的这些举动属于艺术，因为在你看来，这些简直是"荒唐"。但是你错了，每个宝宝天分中都有自己的艺术潜能，他们眼中的艺术和认识与把握世界直接相关，可以说，他们的这些"扭扭屁股""壁画"其实就是对世界和生活的表达方式，可以说这些小家伙，每个都是生活的艺术家。

当然，3岁前宝宝的艺术能力和成人的差距是很远的，他们只能在艺术活动中初步的感知与体验、创造与表现、反思与评价。对于0~3岁的宝宝来说，能够体验艺术的快乐就是重要的。当他兴致勃勃地让爸爸妈妈看自己的"壁画"时，他的快乐是无法形容的。

而宝宝在艺术中，感官也得到了发展，当他们随着音乐有节奏地晃动身体，身体整体协调性就得到了提高；当宝宝涂涂抹抹之际，视觉和空间能力就得到了发展，当然，语言和听觉也就上了新的层次。

宝宝就是在艺术能力与感知觉能力的发展相辅相成中相互促进的，甚至他们把这些当做自己的生活，闲来就扭一扭，画一画。有句话说，艺术源于生活，为了把宝宝的这些艺术潜能发掘出来，爸爸妈妈在生活中就要对宝宝用心了。

那么，爸爸妈妈要怎样做呢？

给宝宝提供艺术的积累

带宝宝去参观

瑞吉欧教育模式中（世界最好的教育模式之一），参观是占到很大比重的，他们认为，只有宝宝去看，去感受，去触摸，去思考，经过自己的消化得到后的知识才是最有价值的。

带宝宝去旅游

旅游可以为宝宝每天熟悉的生活中注入新的活力，让宝宝感受外界的广阔，为宝宝储藏日后创作的内容和灵感。

引导宝宝欣赏

引导宝宝去用欣赏的眼睛看世界，去爱生活，因为一个艺术家，首先是一个会欣赏生活的人，他可以从平凡事物中看到独特艺术的魅力。

与他共同阅读和观赏

0～3岁宝宝吸收能力很强，当爸爸妈妈提供给宝宝大量的阅读和欣赏机会时，会带给宝宝艺术气质飞速的发展。不过值得注意的是要选择适宜宝宝的图书和音乐作品。

让宝宝拥有创作机会

为宝宝准备充足的艺术材料

一个画架，一些纸，一些笔，一块可以随意涂抹的地方和一些无毒害的色彩，为宝宝提供了表达自己的感受的机会，对他的早期艺术潜能很有帮助。

与宝宝一起做音乐游戏

宝宝喜欢游戏，爸爸妈妈可以将音乐与游戏相结合，和宝宝一起在音乐中"扭扭屁股"，这样宝宝就会因为爸爸妈妈的参与，更加在游戏中随意地进行创作和表演了。

给宝宝提供艺术发展的机会很多，方式也很多。家长只要适当引导，宝宝的艺术潜能都会得到很好的发展的。不过，如果方式不对，宝宝的潜能可能因为爸爸妈妈而掩埋。以下几点，是爸爸妈妈在宝宝艺术培养中经常犯的错误：

把宝宝的艺术潜能简单定位

因为"儿童的艺术是儿童把握世界的一种方式"，是儿童认识世界、表达自我的一种形式。所以在宝宝的早期发展中，兴趣点有可能是多方面的，有时他喜欢画画，有时又喜欢听音乐。所以不要因为宝宝扭扭屁股，就让宝宝学习音乐，因为宝宝弄了几张"壁画"就让宝宝当画家。

爸爸妈妈一定要仔细观察宝宝的艺术兴趣点，找出他的艺术敏感点，在没有确定之前，不要简单定位。

不要认为宝宝天分是"不起眼的"

虽然很多家长了解了宝宝都有艺术潜能，但是真的面对自己的宝宝时，看到他没有什么特长，和许多宝宝的表现没有什么不同，所以就对宝宝的潜能放弃了。其实，宝宝的艺术潜能，不是以家长或者某个老师的眼光来决定的，所以，希望爸爸妈妈不要放弃自己宝宝的潜能。

著名思想家弗洛姆曾说，"诸如艺术天才等这类更特殊的潜能，它们是种子，如果给予适当的发展条件，这些种子就会生长、并有所展现；但如果缺乏条件，它们就会夭折。这些条件中，最重要的一个条件是，对宝宝生活有重大意义的人要信任宝宝的这些潜能"。

发展艺术潜能不是技巧训练

对于0～3岁宝宝来说，让他们去学习某项乐器、舞蹈，还是比较早的，因为他们的身体还没有完全长成，去学习，只能是让宝宝对这些训练讨厌起来。另外，发展艺术潜能，并不一定非要宝宝去进行训练才能得到。

不要忽视宝宝的艺术审美体验

发展儿童的艺术潜能，关键在于培养宝宝对审美要素的感受力。但是许多家长却忽视了这一点，要知道没有审美的体验，用什么来激发宝

宝内在的艺术潜能呢?

其实,激发宝宝的审美体验很简单,爸爸妈妈和宝宝一起到大自然中感受现实生活中的色彩、线条、平衡、对称、节奏、韵律等美的要素,就是方法之一。

第四十六节　艺术培养如何尊重宝宝的兴趣

妞妞一到家,就和爸爸讲起了自己的见闻:隔壁家的琳琳姐姐和一个人在跳舞,可漂亮了!琳琳已经9岁了,他的爸爸妈妈为琳琳请了一名舞蹈老师学习跳舞。不过,爸爸看看妞妞,这小妮子,前两天喜欢唱歌,因为幼儿园的丽丽唱歌受到老师的小红花奖励,今天又整出——琳琳姐姐跳舞很漂亮!真不知道她喜欢什么,不过现在妞妞还很小,爸爸不想让她去学习某项才艺,现在他的任务是看看妞妞到底喜欢什么。

据调查,68.8%的爸爸妈妈认为,如果让宝宝学习才艺,首先要尊重宝宝的内在兴趣,因为内在兴趣是学习的动力。虽然,爸爸妈妈意识到了尊重宝宝内在兴趣的重要性。但是,这并不代表爸爸妈妈已经做到了。在宝宝艺术培养上,这样的爸爸妈妈还是不少的:

第一类:把自己的理想强加在孩子身上的爸爸妈妈

虽然这是一个很老套的原因了,但是在现实中,这样的爸爸妈妈真是不少,比如爸爸喜欢拉小提琴,就刻意地让宝宝多接触小提琴,准备以后让宝宝学习小提琴;妈妈喜欢弹钢琴,让宝宝没事的时候,也来抚弄一把,认为这样早早的启蒙,宝宝的艺术修养就会得到提高,并且宝宝以后还会按照自己的思路去学习。

这样的爸爸妈妈很多时候,是因为自己小时候的一些原因没有学习自己喜欢的东西,比如父母不允许,所以自己的兴趣爱好就没有得到培养,于是当自己宝宝降生之后,有了寄托,就把自己没有走完的路,让宝宝去走。

其实,如果换位思考一下,爸爸妈妈就不会这么做了,毕竟自己也是从宝宝成长到此的，为什么还让宝宝重走自己的路呢？

第二类：盲目跟风的爸爸妈妈

一个幼儿园开了一个兴趣班，许多小朋友回家和爸爸妈妈兴奋地说了这件事，爸爸妈妈们觉得也不错，问宝宝哪个兴趣班是哪个老师教，学费是怎样的，哪个班报名多……最后，很多小朋友都学习了美术，学习音乐的人却很少，据说美术班的老师是某个名牌大学毕业的高材生，而音乐班的却是幼儿园的某个音乐比较出色的老师，于是聪明的"跟风"就出现了。但是爸爸妈妈却忘记了问宝宝一句：宝宝最喜欢什么呢？

原因和策略

从根本上说上面两类爸爸妈妈是因为不尊重宝宝个人，才引起不尊重宝宝的兴趣，其实，这两类爸爸妈妈在生活很多方面都会出现不尊重宝宝，比如给宝宝买衣服、鞋子、图画，这些爸爸妈妈很少去让宝宝参加意见，认为"小屁孩懂什么？"这两类爸爸妈妈要从生活中细节入手，养成尊重宝宝的喜欢才好。

第三类：不了解宝宝的爸爸妈妈

父母可以说是宝宝最亲近的人了，但是在艺术培养上，许多爸爸妈妈都因为不了解宝宝的兴趣，才造成宝宝不感兴趣的艺术培养。于是当宝宝说邻家的小妹妹的爸爸拉的小提琴可好听了，爸爸妈妈觉得宝宝是喜欢小提琴，于是就为宝宝买了小提琴；宝宝说电视上的笛子很漂亮，于是又给宝宝买了笛子。这是这类爸爸妈妈经常做的"傻事"，因为不久以后，他们又发现宝宝喜欢别的东西，于是爸爸妈妈开始"头痛"——宝宝到底喜欢什么啊？

最后爸爸妈妈决定放手——宝宝喜欢什么，就随便吧，这个问题推到 0～3 岁的小宝宝身上就是父母的失职了。

原因和策略

这类爸爸妈妈其实是经常失职的，正是因为在生活中对宝宝缺乏真正的关爱，才导致了：宝宝的事情自己解决，不知道宝宝的兴趣是什么。这类的爸爸妈妈对宝宝起居饮食这些很在乎，不惜花很多钱，但是他们却很少关注：为什么刚给宝宝买的玩具她就不喜欢了，为什么宝宝

总像跟屁虫似的很黏糊自己……所以，这类的爸爸妈妈对宝宝艺术培养，必须从尊重宝宝兴趣关爱宝宝入手。

当然，许多爸爸妈妈觉得自己没有上面爸爸妈妈的这些缺点，但还是没有做到尊重宝宝的兴趣，那就是因为爸爸妈妈不知道怎样寻找宝宝的兴趣，在此简单介绍几个寻找宝宝兴趣的方法：

方法一：宝宝不了解各种才艺活动的时候，不要"忽悠"她

大家一起在看电视的时候，当看到别的宝宝唱歌的时候，爸爸妈妈不要"忽悠"宝宝，"你看电视上的小姐姐唱歌多好听，长得多漂亮啊，大家肯定很喜欢她，宝宝希望像小姐姐一样受到大家喜欢吗？"要知道宝宝可没有你这么"聪明"，她肯定会说"希望！"宝宝也许就因为"受到大家喜欢"的精神诱惑才这样说的，但是她可不一定喜欢唱歌，所以，家长不要用"忽悠"来得到宝宝的兴趣是什么。

最好的做法是，提供各种才艺的感性认识和经验，再看她的意愿，让宝宝了解之后再去回答你的问题。比如家长可以带宝宝很随意地看一些才艺班、兴趣班的活动，给她介绍他们都在做什么。

可以的话，让宝宝摸一下钢琴、吹一下笛子、做一些图画，这都会让宝宝对艺术形成感性的认识，渐渐地她就会发现自己的兴趣是什么了。

方法二：了解宝宝的真实想法

当宝宝对一些艺术形式有了初步的感知后，爸爸妈妈就可以和宝宝谈一谈了。当然，要在宝宝心情平静的时候，最好不要当着很多人的面，这会让宝宝"有所顾忌"。

当然，在谈话的时候，要先让宝宝回想一下他看到的才艺活动。因为宝宝记忆力不好，爸爸妈妈要给予引导，比如："前天，我们去少年宫，宝宝看到那里的小朋友在做什么呢？""今天，你摸琳琳姐姐琴，感觉好吗？"……当宝宝说出他的感受时，爸爸妈妈要问清宝宝为什么会喜欢或者不喜欢，这样才能知道宝宝是不是真的喜欢某项才艺。

方法三：告诉宝宝一些关于她喜欢的才艺其他东西

比如，宝宝喜欢小提琴，妈妈就要告诉她，等到她长到多大的时

候，就可以去拉小提琴了，还要告诉宝宝学习小提琴需要坚持每天练习等事情。

不过，如果多次交谈后，感觉宝宝并没有对哪种才艺特别有兴趣，那么就不要刻意勉强宝宝了，因为不学才艺，她一样有别的事情干，有别的爱好，只不过不是才艺罢了！

第四十七节　音乐，让女儿灵动起来

谁不希望自己的女儿聪明灵动呢？女人似水，女宝宝就是晶莹剔透的小水珠，而这颗小水珠，如果有了音乐的"滋润"，自然更加灵动了。

女宝宝的灵动，自然离不开高智商，而音乐就是提高宝宝智商的有效途径，科学研究表明，音乐的波动能以生物电的形式影响人的记忆神经元，刺激大脑，使大脑的神经元上的突触数增加、轴突变粗。这样，大脑内的信息加快交换、思维能力增强，反应能力也就随之变快了。

育儿专家指出，音乐的魔力不仅仅体现在胎教中，由于 0~3 岁是宝宝脑力发育的"黄金期"，所以如果从零岁开始让宝宝接触音乐，并一直坚持下去，就可以很好地启发宝宝的多种智力和各项潜能。

音乐是开启人类智慧大门的金钥匙，但是有些家长并不知道如何运用。因为并不是所有音乐都能启迪宝宝智慧，中国儿童音乐学会常务副会长、著名音乐教育家王效恭教授说，"给孩子听音乐，音乐的音响质量要纯净、清晰，不要有杂音"。在选择音乐培养宝宝时，家长要注意以下几个问题。

选择西方古典音乐

α 脑波是学习脑波，可以促进宝宝乐于去学习。实验证明，如果爸爸妈妈选择合适宝宝大脑波长的音乐，就能够为宝宝大脑输入能量，让大脑长期保持在 α 波状态。由于中国民乐音域较窄而且强调五声音阶，和声不如西乐丰富。所以，爸爸选择西方古典音乐是开发宝宝潜能的最

好选择。

避免使用 MP3，选择无损、高品质的 CD 音质

新生宝宝具有敏锐、完美的听力，能听到成年人听不到的声音波段，不过我们经常听的 MP3 格式的音乐已经将普通人耳听不到的声音频段压缩删除，就不能全面刺激宝宝的直觉反应能力，并不适合宝宝。爸爸妈妈要想全面启迪宝宝智慧，最好选择近似无损、高品质的 CD 音质。

分年龄为宝宝选择音乐

刚出生的宝宝：选择轻柔、缓慢的音乐，让宝宝感到安全、舒适。

1 岁半～2 岁的宝宝：选择有象声词、反映各种音响的音乐，鼓励宝宝模仿发音。

2 岁半～3 岁的宝宝：选择短小、具有鲜明音乐形象的音乐，发展宝宝的音乐理解力和想象力。

分场景为宝宝选择音乐

宝宝睡觉时的音乐和游戏时的音乐是不一样的，所以家长要根据状况适当选择。比如睡觉时，选择比较安宁舒缓的《月光奏鸣曲》，根据音乐的律动轻轻拍触宝宝身体，游戏时选择柔和轻快的《欢乐颂》，交给宝宝根据音乐的强弱、快慢、高低等用游戏动作来表现。

在音乐的启发下，宝宝的智能就会得到很大的提高。当然，在家长日常生活中提供宝宝音乐的时候，还会发展宝宝的音乐潜能，而这对于培养女宝宝以后的气质来说是非常有用的，一个懂得欣赏音乐的女宝宝，举手投足之间都会焕发音乐的美感。

培养宝宝音乐潜能，主要是通过让宝宝倾听音乐和音乐游戏来实现的。

听音乐

音乐是无处不在的，爸爸妈妈不要只把宝宝放在家中听 CD，带宝宝出去，到环境比较好的地方，听各种鸟儿、虫儿、小动物的叫声，风声，都能够激发宝宝的音乐倾听。

如果大人陪宝宝倾听音乐，态度一定要认真，不要随便讲话，让他们养成安静听音乐的习惯。由于宝宝的注意力持续时间很短，所以，让宝宝注意倾听音乐时间最好 5～10 分钟之内，否则宝宝感到疲倦后，就会失去兴趣。

音乐游戏

游戏即是儿童的工作，音乐游戏可以使用节奏和旋律的自然手段来和婴儿互动，使儿童在充满音乐的环境中生活并感知音乐的魅力。音乐游戏有很多种，下面介绍几个音乐游戏：

游戏一：

用拨浪鼓、铃鼓打出有节奏的声音让宝宝听，然后，让宝宝自己拿着敲打。

游戏二：

用两块竹板（可用积木代替），敲打出快慢、长短不同的声音，以表示不同的动作。让宝宝听一听，哪个声音像马儿在奔跑，哪个声音像大熊走来。

游戏三：

让宝宝骑在妈咪的腿上，一边给念有节奏的儿歌，一边使宝宝身体上下颤动。

触摸音乐、做音乐动感宝宝

妈妈用 CD 播放一些钢琴、小提琴、小喇叭等乐器的独奏曲，每次让宝宝听一种乐器。当播放音乐给宝宝听时，告诉宝宝这是什么乐器发出的声音，并且给宝宝模仿一下该乐器的弹奏动作，渐渐地宝宝也就会模仿了，宝宝在模仿时会觉得乐趣无穷。如果宝宝喜欢某种乐器的话，爸爸妈妈就可以从中发现，并进行音乐引导了，不愁找不到宝宝的兴趣所在。

当然，宝宝的音乐潜能不是一两天就能做到的，从出生开始，爸爸妈妈就可以为宝宝创造音乐氛围，让宝宝在生活中，感受音乐之美无处不在。而在给予宝宝音乐引导时，不要让宝宝因为爸爸妈妈的"强迫"而丧失兴趣，只有这样，宝宝才会因为音乐真的灵动起来。

第四十八节　涂鸦，让女儿成为创意宝宝

小宝宝拿到画笔后就会自己一个人趴在桌上，全神贯注地创作着自己的杰作：一团杂乱的线条、看不出所以然的色块……一番涂涂抹抹、点点画画后，高高兴兴地拿过来给大人看，但是他们画的东西，真的让大人为难了。

不过，千万不要因为宝宝的作品"不成样子"而打击宝宝，因为在宝宝涂涂抹抹之中，运用了她的想象力、创造力，再加上手眼的配合，才辛苦完成的。科学研究证明，宝宝画画时运用的想象力，不但对她形象思维能力发展非常有帮助，而且还能带动其他方面智力的发展。作为宝宝创造力最重要的活动之一的涂鸦，是宝宝对自然的模仿，可以说是一种视觉艺术，是一种与色彩相结合的新形式的创造。

如果你问一个完成作品的宝宝"你画的是什么呀？"她可能会告诉你许多意想不到的东西，比如奔腾的骏马、可爱的熊猫、美丽的海底世界、迷人的夜晚、星空等，甚至可能还有在月球上荡秋千这样一些想象丰富、形象生动的图画。

所以，宝宝的涂鸦中学问很大，如果很小就让宝宝亲近涂鸦更是激发宝宝好奇心、观察力和想象力，让她成为创意宝宝的有效途径。

要知道四五个月的宝宝就能分辨不同的颜色了，但是，她还做不到涂鸦，宝宝的真正涂鸦是从 1 岁半开始的。从 1 岁半到 3 岁期间，宝宝的创作都属于涂鸦期，具体来说这个时期又分为三个阶段：

第一阶段：1 岁半左右宝宝的无意识的涂鸦期。

1 岁半左右的婴儿能根据具体的形体和颜色进行思维，刚开始涂鸦时，他们只能在白纸上敲敲点点，砸出一些不规则的小点，在纸上画不规则的线条，这些是一种较少受到视觉控制的运动。

第二阶段是 2 岁幼儿的控制涂鸦期。

宝宝此时正在逐步学习控制手的动作，小手的把握能力开始发展，开始注意手眼协调，他们已经能画出一定规则的线条（横线、竖线）和圆形物。

这时是开发宝宝创造力的大好时机，不管他画出来实际像什么，她都可能在向他人描述时说出一些令人惊诧的答案。所以，此时期大人对宝宝涂鸦一定要十分关注。

第三阶段为命题涂鸦期。

3 岁的宝宝开始出现有意造型倾向，他们开始有目的地画画，这时他们的作品是一些想象画和创造画。这个时期宝宝虽然不能如愿以偿地再现脑中的图像，但是她却能给她笔下所画的形象命名，并且宝宝开始尝试通过绘画表达自己的想法，宣泄自己的情感，在她的作品中表现出惊人的想象力和出色的表现力。

如果你看到宝宝画出一个不像样的轮船，还在轮船上画上两个眼睛，宝宝的解释是有眼睛的轮船才会认路。多么有创意的解释！

打造宝宝创意涂鸦的空间

将绘画作为游戏，爸爸妈妈不宜过多限制，宝宝最初的"涂鸦"虽然幼稚、单纯、混沌，却能迸发出他们智慧的火花。对于那些钟情涂鸦，不时让你眼前一亮的宝宝，给予他们创意的涂鸦空间才是最重要的。

不要禁止和限制，让宝宝自由"涂鸦"

涂鸦是宝宝与生俱来的才情，虽然在你的眼里看来，宝宝的涂鸦似乎没有任何价值。但涂鸦对宝宝认知能力与创造力的增进，在她的心智发展上有着重要的指导性意义。所以当宝宝的涂鸦，不管涂得如何，都不要禁止，当然也不要过早地教给宝宝绘画的规则和一些色彩与空间的概念，毕竟宝宝的想象力和创造力比绘画技巧要重要得多。

鼓励宝宝创作的变化

虽然 0~3 岁的宝宝涂鸦是"不成样子"的。但是当宝宝画出了一条曲线，有的地方笔触轻些，有的地方重些，看起来很有节奏。爸爸妈

妈就可以把这些指出来，告诉宝宝，很欣赏宝宝的这点，这会让宝宝愿意去创造更多新涂鸦的可能。

宝宝总是渐渐发展的，当你收集多了宝宝的作品就会看到她的涂鸦越来越好了，所以积累"宝宝涂鸦素材"，就是鼓励宝宝的源泉，可以的话，把宝宝好的涂鸦作品制作成一个画册，让宝宝看到自己的发展，那么她会更高兴的。

打破纸的限制，让宝宝充分作画

为宝宝准备一件白色的衬衣或者一块白布，让宝宝用环保水彩笔画画。这种水彩笔的颜色不会长久停留在这些材质上，只要用湿抹布一擦，或者用水一洗，宝宝涂在这些物品上的颜色就会消失。所以，当宝宝发现她的图案会"消失"，涂鸦的积极性就会更高了。

爸爸妈妈还可以让宝宝在沙滩上、地面上作画，这些都会让宝宝感到十分快乐。

要尊重宝宝的主见

如果宝宝画出了一个绿色的太阳，不要对宝宝说，太阳应该是红色的，类似这样的束缚会扼杀宝宝的创造力，并且这也是不尊重宝宝的表现。要让宝宝自由发挥，而不是听凭大人的摆布。这样宝宝才会画出自己想要的东西。

另外，也不要让宝宝去画某个事物，想画什么是宝宝的自由，如果总是这样"指导"宝宝，以后宝宝就只会听爸爸妈妈的意见画画了，而没有自己的主见，那又何谈宝宝的创意呢？

第四十九节 音乐、画画一定要"成家立业"吗？

我的宝宝是贝多芬还是毕加索？错了，你的宝宝既不是贝多芬也不是毕加索，她只是一个贪玩的小孩子，她偶尔会认真地听音乐，也有时会意兴大发地创作几幅想象力极高而又不知所云的"星空"。为什么要用贝多芬和毕加索来让宝宝的压力倍增呢？那么，父母让宝宝学习音乐和画画是为了什么呢？真的是"成家立业"吗？

当然，不是！对于0~3岁宝宝来说，这是他们感知艺术的阶段，宝宝在感知音乐和画画，也可能会产生音乐和画画的情结，在以后的发展中，向自己的"情结"发展，成为音乐家或者画家，但是并不是所有的宝宝都因为这时期的音乐培养和画画的引导而走向"一家"。并且更多的宝宝不会走向"一家"。

其实，在音乐和画画中，宝宝们得到的不仅是那些音乐和画画本身，而是音乐画画以外的东西，而这些东西对于宝宝来说才是最重要的。

幼儿时期的音乐可以说是为了宝宝全面提升才得到广泛应用的，而不是为了让宝宝们去表演，去成家才去进行的。宝宝学习音乐时，注意力、语言能力、记忆力、想象力和直觉思维都可以得到很好地提升，而此时音乐也只是一种教育手段。宝宝们在音乐中获得各种感受，体验音乐本身的美，包括音符的美、旋律的美、歌词的美，同时，从音乐中体验悲与喜、忧与乐等不同情绪。宝宝们在音乐中跋山涉水，放飞想象，在音乐中增加乐感，这才是他们学习音乐的目的。

对于宝宝学习画画来说，其实更准确的说法是涂鸦。涂鸦对于宝宝的意义，我们在前面已经有了介绍，就不在此赘述了。

我们看到宝宝的信手涂鸦，他们只是为了自己的高兴才会专注自己的作品，才会把生活的体验融入自己的想象，对于他们来说，并不需要是否要画出一张"作品"。他们用涂鸦来宣泄自己高兴、悲伤或者愤怒的情绪。通过画画时的宣泄，宝宝的心理得到平衡，促进他们身心的和谐发展。

不过，在大人看来，总是想知道宝宝画的是什么、用的什么材料、构图怎样、线条和用色美不美，但是宝宝才不会考虑这么多事情。如果家长刻意地去让宝宝这样认识自己画的是什么，怎样构图，完全打消了宝宝自己的"涂鸦"本意，因为他们不是为了自己成为画家才这样做的。

家长对于 0～3 岁的宝宝画画兴趣的培养，应该是通过画画的训练培养宝宝的智能和悟性，让宝宝学会体验自然带来的感动；体验把需要表达的东西画出来；体验因表达美而得到的信心；体验把美与家人分享时的快乐，从而体验到——创造的幸福！

有的爸爸妈妈说，我有空还会带宝宝去听听音乐会，倒不是希望她将来成名成家，就是觉得一定的艺术修养对女孩的成长很有好处；我让女儿学乐器，并不是要求她一定要掌握什么技能，只是想培养她的气质和艺术修养……这些才是让宝宝学习音乐和画画等艺术的最好的教育思想。

所以，一个家长懂得宝宝为什么要学习音乐，就不会刻意地让宝宝学习某项乐器，不会想着宝宝以后音乐要怎样过级，不会让他们为了音乐而学习音乐。一个家长懂得宝宝为什么要学习画画，就不会告诉宝宝应该画些什么，告诉她太阳只是红色的，因为他们知道宝宝的童年不能只有一个声音，只有一个色彩。

 教女小贴士：培养女儿才艺的几大误区

注重女儿的早期教育，关心女儿的艺术潜能发展，本是一件令人高兴的事。但许多父母没有适当地对待女儿的艺术潜能，结果把她的潜能扼杀了，下面是家长培养女儿才艺容易走进的几大误区。

误区一：没有尊重宝宝的兴趣，艺术教育成为负担

这是家长走入的最普遍的误区。兴趣是宝宝学习的良师，因此，培养和爱护宝宝的兴趣，是教育成败的重要因素。只有宝宝在艺术中得到美的体验，感到学习的幸福和乐趣，艺术教育才能不会成为孩子的负担。

误区二：认为艺术教育是大杂烩

宝宝幼儿艺术教育的范畴具体包括音乐、美术、舞蹈三类。但对许多家长来说，艺术教育就是让宝宝学到课堂之外更多的东西，所以他们

在宝宝很小的时候就想为宝宝报名参加各种各样的课外兴趣班，什么"国画"、"小提琴"、"珠心算"、"滑冰"。这样很可能造成宝宝没有培养到艺术感，却抹杀了兴趣，忽视了艺术本身的特点。

误区三：把艺术教育等同于技能训练

虽然很多家长也意识到了这个问题，但还是不自觉地拿弹得好不好、画得像不像等作为孩子艺术教育成果的衡量标准。这是典型的大人思维特点。当然，艺术教育不能完全忽视技能技巧，但是不能因为过分强调技能技巧，而忽视艺术的本身，因为技术从根本上说是为艺术服务的。

著名指挥家曹鹏说："从小培养孩子对艺术的兴趣、对艺术作品的欣赏能力，这对一个孩子的一生都是相当重要的，如果一味地只重技艺训练而忽视欣赏能力、艺术感受力的培养，到了一定的时候，技艺不仅不能继续有所发展，而且还会僵化。"

所以，多多重视宝宝的艺术本身的修养才是最重要的。

误区四：艺术教育不进行情感的投入

许多家长把艺术教育当成宝宝以后学习和就业的敲门砖，这是一种十分伤害宝宝的做法，因为如果家长现在用"敲门砖"来定义艺术教育，那么以后当宝宝进行艺术培养的时候，就会重视结果，而不重视过程，对于这样的爸爸妈妈来说，宝宝以后过级远比她在艺术中的感受要重要的多。即使宝宝最初是因为兴趣而进行学习的，最后也只能把兴趣消磨掉。

误区五：过早学习

这与爸爸妈妈对宝宝"求学心切"有很大的关系。宝宝学习艺术是需要身体和心理都发展到一定的时期，但是许多家长忽视了宝宝生理发展的特点，没有为宝宝选择适当的学习时间，结果，拔苗助长，造成宝宝的艺术潜能受到影响。比如让3岁的宝宝学舞蹈，学小提琴，这时

的宝宝身体还没有发育完好，只能让宝宝很痛苦。下面是一些宝宝学习一些才艺的建议时间：

小提琴

小提琴演奏对手及指头尚小、力量不够的3岁宝宝来说，过于勉强。建议学习小提琴的年纪为5~6岁。

钢琴

一般的宝宝学习钢琴在2~3岁，但此时的宝宝认知能力比较差，这时应该先欣赏好的音乐。4~5岁的宝宝可以开始接受钢琴等乐器的技术指导，学钢琴比较适宜。当然，家长可以根据自己宝宝的情况，提早或推迟些。

舞蹈

外国的运动医学专家建议一些规律性的运动训练，最好是从8岁才开始。不过如果学习芭蕾舞由于其使人体组织负荷较重，最好等到11~13岁再进行练习。

绘画

专家建议，2岁半~3岁的宝宝有了一定的色彩和线条的基础，并且宝宝最纯洁，此时比较适宜。

戏剧

专家认为从3岁到成年，只要有志于演戏，任何时候都可以说是"适龄期"。

书法

学习书法，需要一定的理解能力和手部的很好发育，所以年龄不宜太小，宝宝10岁左右学习书法较为适当。

英语

幼儿期是口语发展的最佳年龄阶段。只要家庭条件允许，孩子最好从小学点外语，1~2岁就开始亲近英语，3岁以后跟着老师正规学习比较好。

学围棋、象棋的适龄期

宝宝能够分辨棋子的黑和白就可以学习了，建议年龄为3~4岁。

第十章

会生活，从小做起

　　你的小姑娘还很小，所以很多时候，都需要你来照顾她。不过，当她一天天地长大，你就要交给她做一些必要的事情了，比如大小便、刷牙、穿衣等小事情。另外，你还要交给她一些防身的小知识，因为很多时候，她并不在你身边。

　　千万不要觉得这些事情很简单，要知道，这可是宝宝成为一个独立个体的必然经历。

第五十节　让女儿学会大小便

一位妈妈说，女儿好不容易学会大小便，但是没有多久竟然学着男宝宝站着尿尿了，这让妈妈十分恼火，毕竟宝宝学习大小便的成果来之不易啊。

其实从宝宝降生下来，大小便问题可以说是全家的重点研究对象了，当宝宝一次次不能控制自己的大小便而就地解决的时候，家长的烦恼就来啦。但是，着急也没有用，宝宝学习怎样大小便就像学走路一样，爸爸妈妈一定要耐心等待，因为它的顺利完成不取决于父母的主观愿望。

并且，如果把宝宝的大小便训练当做简单的生活习惯的建立问题，疏于调教，那么就会产生一些其他的问题。比如宝宝的大小便训练不好，会对宝宝的个性发展产生不利影响，提出者正是著名的心理学大师弗洛伊德。

所以，作为父母一定要把训练宝宝大小便当做一回事。

那么，如何训练女宝宝大小便，又如何让她改变站着尿尿的坏习惯呢？

什么时候训练宝宝大小便

宝宝太小，大小便训练会给她造成莫大的压力和挫折感，甚至出现便秘、拒绝排便及上厕所退缩等现象。而宝宝如果两岁半还在白天兜着尿不湿的话，会让她自卑，别的小朋友也会笑话宝宝，影响宝宝心理发展。

据研究结果表明：大约90%的女孩，在两岁半的时候已能完全控制自己大便了。并且值得欣慰的是，专家发现女宝宝在训练时所要花费的时间少于男宝宝。

专家研究表明越早开始训练宝宝的大小便，训练时间就越长。有人说："如果宝宝的脑部神经系统是 A 点，膀胱是 B 点，那么训练宝宝大小便自理必须等到 A 点到 B 点的道路畅通。否则，不管如何努力，都不可能顺利地从一点到达另一点。"所以，如果宝宝在 18 个月时开始训练，宝宝在 26 个月时完成训练要花费 8 个月；而如果从 24 个月时开始训练，到 28 个月时只花费 4 个月宝宝的训练就结束了。

所以，爸爸妈妈可以等宝宝更成熟些再开始训练，宝宝可以学得更快，自己和宝宝的遭遇挫折也更少。

当然在真正的大小便之前，让宝宝形成大小便的规律还是十分重要的：

1～2 个月宝宝

可以开始训练大小便的习惯了。这个时期的宝宝每天排尿次数多、间隔短，具体次数因人而异。

宝宝排大便有些规律，大便前宝宝一般会有发呆、愣神、使劲儿等表现，如果大人及时发现，让宝宝大便就可能成功。吃母乳的宝宝一天可能拉 3～5 次，吃牛奶的宝宝一天拉 1 次的居多，有的可能两天一次（不过容易发生便秘）。宝宝排便可在每天早上吃奶后、晚上临睡前试着把一把。

爸爸妈妈应该在给宝宝把大小便时用"嘘……嘘……"和"嗯……嗯……"的声音作为排便信号，帮助宝宝形成条件反射。这个阶段把宝宝大小便可能成功的较少，此时不要因为着急强迫宝宝。

3～6 个月宝宝

有的大小便已很有规律，特别是每次大便时会有比较明确的表示，大人比较省心省事。爸爸妈妈一定要坚持按照一定时间规律把便，但一定不要强迫，如果宝宝打挺反抗，不肯配合，或超过 5 分钟宝宝还不肯排便的话，就不要再勉强她了。

8～9 个月宝宝

宝宝如果已经学会坐，可以让她自己坐在便盆上大小便。这时的宝宝会用声音、打战、眼睛瞪大、发呆、用劲小脸憋得通红或哭闹等表现来表示自己即将大小便了，爸爸妈妈要及时抓住这个机会让她坐盆来培养，每次坐盆一般不要超过 10 分钟。

如果要训练宝宝大小便形成规律，可以在早饭后 10 分钟让宝宝坐盆，排不出来也不要紧。一般训练一周，排便的条件反射即可建立，宝宝就会定时排便。此时不要随意更改排便时间。

18～24 个月宝宝

大脑的神经系统已经发育成熟，对充盈的膀胱、直肠也开始有感觉了，在宝宝有便意的时候，她能主动地要求坐便盆了。一般来说，宝宝到了 2 岁以后，大小便的意识增强了，就可以给宝宝训练了，如果你发现宝宝有了下面的一些特征，就不要犹豫了。

保持尿片干燥达两小时以上，或在小睡时不尿；

会模仿父母的行为，听得懂简单的指令，还可以独立地表达"愿意"还是"不愿意"；

行动能力上，可以走过去坐好，将衣服拉下或拉起；

对他人上厕所表示出兴趣，甚至在口头上或行动上表达想解便的欲念；

有了要去洗手间大小便的概念，或能理解"坐便器"的含义，可以走过去坐好并乐意经常坐在上面。

宝宝大小便小提示

1. 准备一个类似于玩具的如厕椅或者尿桶，最好有鲜艳的色彩，这样可以吸引宝宝。

2. 大便比小便容易控制，可以从训练大便开始。开始培养时，可以在你上厕所时让宝宝看一看，让宝宝有模仿的样本，另外宝宝还会知道别人尿尿或大便不是用尿布。

3. 女宝宝应该和妈妈学习，当然有时在学校女宝宝会向小男孩学习站着尿尿，家长对此不要太介意，时间长了，宝宝还会恢复原来的方

式，因为她自己也会觉得不方便。

4. 不要斥责宝宝"事故"大小便

有时宝宝能在妈妈的提示下自己蹲便盆，但如果宝宝没有足够成熟的表达能力和行为控制能力，就会把裤子尿湿、把大便弄在身上，所以，此时爸爸妈妈要宽容一些。

5. 每当宝宝能自己控制住大小便时，应及时表扬，让她产生一种自豪感。

第五十一节　让宝宝刷牙的妙招

爸爸妈妈都希望自己的女宝宝有一口整齐洁白的牙齿，因为这不仅是宝宝的健康问题，还是宝宝美观大方自信的问题。

一般来说，宝宝的乳牙兼具咀嚼、发音、美观，以及维持恒牙萌出空间的功能。如果爸爸妈妈没有注意培养宝宝刷牙，当宝宝的乳牙因蛀牙或其他缺损等原因太早掉落时，第一磨牙就会向前倾移，最后小臼齿就被"夹杀"无法长出来。

所以，为了宝宝以后的美丽健康，爸爸妈妈就要学会怎样教育宝宝学习爱护牙齿了。

护牙时间表

未长牙之前的宝宝：

爸爸妈妈可以在喂完奶之后，用纱布蘸水清洁口腔，或是喂奶后让孩子喝水，以此清洁宝宝口腔，记住不要让宝宝养成含着奶瓶睡觉的习惯，否则当宝宝长出牙齿后，因为奶瓶总是在口中，就会让宝宝的口腔"聚集"大量细菌，这样牙齿就成为了细菌攻击的对象。

6 个月宝宝

此时乳牙刚刚萌出时，表面的硬组织发育还不完善，硬度较低，加上宝宝的食物大多以甜软为主，所以龋菌此时大量增长，让新出生的乳牙患上龋病。爸爸妈妈对宝宝牙齿的"监护意识"一定要做到位，每天至少要用乳牙刷帮助宝宝清理一次乳牙。

正确的做法：将宝宝抱在腿上，让宝宝的头往后仰，然后将乳牙刷套在食指上，进行清洁工作。当然，宝宝此时会反抗，爸爸妈妈千万不要硬来，否则以后宝宝更加反抗刷牙，爸爸妈妈可以给宝宝做示范，让宝宝明白刷牙并不是很难受的事情。

20个月宝宝

让宝宝形成漱口习惯，此时只要孩子做到饭后漱口，早晚坚持用盐水漱口就可以了。

2岁半宝宝

此时宝宝的第1套牙齿（20颗）——乳牙，几乎全部长成，爸爸妈妈此时就要训练宝宝刷牙。

如何让宝宝自己刷牙

选择牙刷：

要选用儿童牙刷，刷毛的软硬度，以不刷痛宝宝牙肉为原则，如果刷毛太硬，牙刷易损伤牙齿表面、损伤牙龈，太软则起不到清洁的作用。

由于宝宝手腕不够灵活，所以可以选用刷柄较粗的牙刷，这种牙刷比较方便小手抓握，此外，色彩鲜艳的牙刷也比较能够提高刷牙的兴趣。

牙刷使用3个月后需要更换，不过如果发现刷毛颜色变浅或者刷毛向外突出，就要及时更换。

牙膏：

最好选用刺激轻微而含水果芳香味的儿童牙膏，3岁以下儿童不要使用含氟牙膏。最好早晚牙膏选用不同的品牌，因为牙膏中也含有杀菌的成分，如果总是使用同一种牙膏，口腔中的细菌就会适应这种牙膏，

不利于除菌。

方式：

一手拿杯子，俯身向前，一手拿牙刷转动手腕。最好用温水，这可以很好地减少冷和热的刺激，可以保护牙齿，对患有牙过敏、龋牙、牙周炎、口腔溃疡、舌炎、咽喉炎的宝宝，更有好处。

刷牙时将牙刷头平行于牙面，并与牙面成 45 度角，顺序是顺牙缝由上而下、由下而上地竖刷。上下、内外都是顺着牙根向牙尖刷。牙合面可以横刷，这样清洁才彻底。宝宝口腔每个区域，应轻刷 15～20 下。

注意：避免宝宝过多地拉锯式地横刷法，这种方法不但不能把牙齿刷干净，还容易导致牙颈部损伤，造成牙齿的楔状缺陷，把牙齿刷出一条沟来，以后使用稍硬的牙刷刷牙触及到牙髓就会疼痛。

时间：

每次刷牙至少需要 3 分钟时间。建议早晚刷牙，进食后都应该漱口。

刷牙习惯的培养要点

每天坚持

在宝宝开始刷牙后，可以给宝宝一天的作息时间表中安排上刷牙这一项。坚持早晚各一遍。

循序渐进

教宝宝自己刷牙，不要指望一步到位。先让宝宝对刷牙感兴趣，然后在大人的示范下逐步自己去刷牙，最初可以让宝宝用清水刷牙，当宝宝逐渐掌握上下转动刷的动作要领时，再给宝宝挤上牙膏，宝宝的真正刷牙就开始了。

寓教于乐

最初宝宝刷牙时，不要强求刷干净，先让他习惯刷牙的姿势动作，再逐渐要求刷干净。在孩子学刷牙时，爸妈可以让宝宝配合儿歌进行刷牙动作，以提高学习的兴趣，注意应该经常给予鼓励和表扬。

检查刷牙结果

宝宝开始刷牙，动作不熟练，力道比较小，一些牙齿间的残留物并不能刷掉，所以，爸爸妈妈要对宝宝刷牙的结果进行检查，有必要的话，爸爸妈妈可以帮助宝宝刷牙。注意，要告诉宝宝在刷牙时需要注意什么。

第五十二节　有意识让宝宝自己学习穿衣

一天晚上，妈妈正要给2岁的囡囡脱套头的羊毛衫，囡囡突然说："不要，囡囡自己来！"妈妈看囡囡跃跃欲试的样子，欣然允许。于是妈妈先给宝宝做了一个示范，告诉囡囡："两个小手交叉抓住下面的衣摆，把衣服拎住，然后把手和衣服一起举起来，再脱去两个袖子，最后把头取出来。"结果在妈妈的鼓励和引导下，囡囡一下子就成功了。不久囡囡又开始学会了自己穿衣服。妈妈突然感到自己的小棉袄成长了不少！

可不是每个宝宝都像囡囡一样，很多大宝宝到了五六岁还要妈妈来帮忙，每天早晚妈妈就开始忙活了。其实，宝宝不会穿衣、脱衣、系鞋带等简单的自我料理，根本原因是爸爸妈妈的问题。

意大利著名儿童教育学家蒙特梭利曾说过，"教育首先要引导儿童沿着独立的道路前进"。一些穿衣、系鞋带、吃饭等小事情对18个月～3岁的宝宝而言，是很新鲜的，他们其实都想自己去做，当他们独立完成这些类似的事情，身体、智力、情绪、性格、意志等各方面都会得到提高。长时间下来，宝宝就有了初步的独立性，去做力所能及的事情，爱动脑筋想问题。而如果爸爸妈妈把宝宝的这些"独立宣言"抹杀掉，就会使宝宝因缺少锻炼而形成能力低下、性格懦弱、依赖性强、意志薄弱的不良个性。

所以，不要"包办"宝宝了，让她从穿衣开始培养自己的独立吧！不要担心宝宝太小学不会，她可比你想象得聪明着呢！

先学脱，再学穿

心理学家认为，宝宝总是负行为比正行为学得快，特别是在生活习惯的学习上。所以我们看到，宝宝总是先学会脱衣，然后才学会穿衣，并且在其他的方面也是如此，爸爸妈妈可以顺应宝宝的心理发展的规律，先交给宝宝脱衣，然后再交给宝宝穿衣。

宝宝学习时间

1 岁半的宝宝手部力量和身体协调性都有了一定的发展，这时宝宝就可以学习自己穿衣和脱衣了。最初，她能够配合家长穿衣服和脱衣服，比如穿袖子的时候，你可以拿着袖子，告诉宝宝把手伸进袖子里。然后，在爸爸妈妈的指导下她就可以进行穿衣和脱衣了。

不过总体看来，这个年龄段的宝宝学习穿衣和脱衣以配合爸爸妈妈为主。所以，如果宝宝真的无法完成，爸爸妈妈不要责怪宝宝。

如果宝宝对穿衣服和脱衣服没有兴趣，爸爸妈妈可以选择宝宝喜欢的衣服吸引宝宝的兴趣。

衣鞋的选择

孩子的衣服大致分为两种，一种是套头衫，一种是开衫，对于刚开始学习穿衣服的孩子来说，套头衫比较容易学习，可以让他们从学穿套头衫开始。宝宝衣服的图案不要太多，因为图案太多会让宝宝整天将心思放在衣服上，容易分散注意力，从小养成注意力不集中的坏习惯。

另外，夏天宝宝衣服穿得简单，这时教宝宝脱衣服比较容易，此时不要错过宝宝学习穿衣和脱衣的时机。

认识衣服的前面和后面

前后区别大的衣服能够帮助孩子区分前后，所以在买衣服的时候，妈妈可以故意买一些前后图案或者颜色不一样的衣服。领子处的商标是认识衣服正反面的标志，妈妈可以告诉宝宝有商标的是反面，应该穿在里面，穿衣服后，商标应该在脖子后面。

购买宝宝衣服以方便为主

爸爸妈妈买衣物时，最好简约一些，比如宝宝的鞋子，如果脚踝的设计硬一点、高一点，再加上一根食指可以勾住的拉绳，宝宝穿起来就会容易得多。买袜子时，织法松一点的袜子会比弹性袜容易穿脱。

"布娃娃"，帮忙练

女宝宝都喜欢布娃娃，爸爸妈妈可以让宝宝从学习给布娃娃穿衣服开始，这样既能让宝宝明白穿衣服的步骤，也能培养宝宝动手的能力。

解扣、系扣

在交给宝宝解扣时，先教宝宝解下边的，爸爸妈妈帮助解上边的。在系扣的时候，要告诉宝宝一些技巧：两手分别拿着扣子和扣眼，先把扣子的一部分放进扣眼里，拿扣子的手顺势把剩下的扣子推进扣眼里，还要让她注意扣子和扣眼的正确搭配。

鼓励宝宝，不要打击其信心

宝宝每完成一步就要表扬她，并耐心给她一些提示，让她多练习，从简单入手，慢慢来，别指望太快，孩子还小，最终总能学会的，千万不要为了节省时间，让她丧失学习独立的机会。

第五十三节　独自睡觉是女儿的大事

在西方发达国家，让宝宝一生下来就自己睡一个房间是天经地义的事，即使宝宝号啕大哭，引来了父母，得到的也只是些宽慰，不可能

"插足"到父母的房间。

但是在中国，有的宝宝五六岁了还和父母在一起睡觉，宝宝会用很多手段搅乱"分床"计划，女宝宝虽然"弱不禁风"，但是，手段也会有很多，比如，半夜跑到爸爸妈妈床上，睡觉时候大哭大闹叫嚷自己害怕，对爸爸妈妈说自己睡觉冷……总之为了保障自己的"一床之地"，使尽了办法，有些爸爸妈妈心软了，分床计划就搁置了。

虽然分床搁置了，但是，由此引起的问题却出现了。我们看到没有分床睡觉的宝宝们通常有以下三个现象：

过度恋父情结

据分析，3～6岁是儿童的"俄狄浦斯期"，3岁左右的宝宝已经能分清自己是女孩了，也有了最初的性别意识，此时宝宝不和父母分床，尤其是那些长期和妈妈或爸爸搂着睡的女宝宝，就会过度依恋父亲和母亲。而在3～6岁这个关键期，宝宝需要意识到父母之间有一种亲密关系，是她没有能力介入的，接受这一点有益于宝宝精神发展。

内心不独立

宝宝能否正确地认识自我，是心理健康的一项重要指标。儿童教育专家认为：孩子的独立是从形式到内容的，"形式"是看得见、摸得着的行为方式，"内容"是孩子的内心。2～3岁的宝宝开始意识到自己是一个独立的人，对人对事有自己独立的想法。但是没有和爸爸妈妈分床，宝宝的内心独立意识就会比较弱，独立的行动能力也就比较差。

有害的性幻想

3岁以后的宝宝会对父母的关系、两性之间的问题比较敏感。如果与爸爸妈妈同床，很可能接触到父母的性行为，虽然她们不明白父母在做什么，虽然她们是睡着的，但是并不能排除她们的模糊意识。而这种意识很可能在宝宝长到青少年阶段，甚至成人阶段时，产生负面的性幻想。

所以，抓紧时间让宝宝单独睡觉吧。另外，宝宝单独睡觉除了可以避免以上一些问题，还会产生一些好的副作用：

宝宝睡得踏实

许多爸爸妈妈害怕宝宝分床会睡不好，其实不是的，分床睡更有利于宝宝睡眠。一般来说，宝宝同床总是夹在大人中间，虽然照顾上方便一些，但并不能让宝宝睡得踏实，大人睡眠时呼出的二氧化碳会整夜弥漫在宝宝周围，使宝宝得不到新鲜的空气，出现睡眠不安、做噩梦及夜里啼哭的现象；另外，爸爸妈妈翻身或动弹时可能还会惊醒宝宝，反而让宝宝睡的更不踏实，而宝宝单独睡觉就没有这些问题。

有利于促进夫妇关系

宝宝横在爸爸妈妈中间，许多成人都感受到了这个"第三者""可恨之处"。因为宝宝白天把大家弄得团团转，夫妻之间沟通、交流及相互关心比起以前少了许多。到了晚上，还要让宝宝占据妈妈，许多爸爸这时都成为"短期光棍"，长期下去夫妻的感情就会受到影响。

那么，什么时候让宝宝分床呢？专家认为在宝宝 3 岁之前，让宝宝分床睡是最合适的。

在 3 岁前，宝宝断奶，大小便训练等一系列"独立训练"，已使她们能够区分自己和外部，产生独立性和控制感。而 3 岁正是孩子独立意识萌芽和迅速发展时期，因此这个阶段安排孩子独睡，对于培养孩子心理上的独立感很有好处。这种独立意识与自理能力的培养，与孩子日后社会适应能力的发展有直接关系。

当然，让宝宝自己睡觉不是一件容易的事，下面是一些小措施：

婴儿期分房

如果条件具备，最好在宝宝出生前就布置好色彩斑斓的婴儿房。从一降生就培养宝宝单独睡的习惯，日后宝宝就不会经历被"改造"之

苦，不过这是很挑战爸爸妈妈的"爱子之情"的，因为宝宝的"撒手锏"——大哭，从出生开始宝宝就会"纯熟"运用了。

晓之以理动之以情

先要让宝宝明白独睡是一个人长大了的标志，而不是父母从此不再爱她了。爸爸妈妈还可以对宝宝讲些小故事、儿歌来向宝宝宣传独自睡觉对身心发育的种种好处。当宝宝学会自己睡觉后，爸爸妈妈要逐渐培养宝宝晚上睡觉不乱踢被子或小便时知道叫大人的习惯。

给宝宝找个榜样

带宝宝到已经分床睡小朋友家串门，并且有意识地当着宝宝的面询问小主人跟谁睡，并夸奖小朋友："你真行！一个人睡一张床！"这样，通过心理暗示，激发宝宝潜在的独立意识，帮助他们建立自信，敢于挑战自我，做一个勇敢的孩子，从心理上产生自己睡的愿望。

布置小床和睡房

在宝宝的房间内成立一个儿童天地，把宝宝平时喜欢的玩具挂在床边，根据需要不断变换摆设，让宝宝总是充满新鲜感。然后给宝宝准备一个柔软、漂亮、干净、整洁的小床，宝宝也会喜欢的。

先分床，再分房

先为宝宝在自己的大床边建立一个小床，让宝宝慢慢适应自己睡，宝宝睡觉时可讲个小故事，可轻轻拍拍背，让宝宝有种安全感，安静入睡，必要时给宝宝一个抱抱熊作为替代物。

注意事项：

避开焦虑期

18 个月是孩子分离焦虑最严重的时候，如果你的孩子处在这一年龄段，那就把让她学会独自睡觉的时间推后一个月。

坚持原则，不要放弃

宝宝分床时会想到许多方法来"威胁"爸爸妈妈，爸爸妈妈不要因为心一软，就接纳宝宝。不然分床就会前功尽弃。所以建议家长不要心软，坚持立场，陪伴宝宝、鼓励她重新入睡。坚持下来，习惯就养成了，并且这将使宝宝受益终身。

灵活把握

宝宝生病或遇到挫折时，非常需要爸爸妈妈的关心和安慰。这时爸爸妈妈可以和宝宝同床睡觉，但是当宝宝病好，挫折解决时，要及时将宝宝送回她的小房间。

第五十四节　训练宝宝与大人同桌共餐

又到了中午吃饭的时间了，3岁的欣欣还在玩自己的布娃娃，妈妈喊了好多声，欣欣都没有反应。最近欣欣吃饭越来越让妈妈头痛了，因为喜欢吃零食，到了正餐的时间她总是不好好吃。每次吃饭，欣欣前面跑，妈妈后面拿着碗追，有时候，爸爸看不过去，对欣欣大发脾气，甚至动起手来，但是还是没有改掉欣欣不好好吃饭的坏习惯。

欣欣的例子无独有偶，许多宝宝都不好好吃饭，这让爸爸妈妈费尽了脑筋。

其实，这是爸爸妈妈"惯"出来的结果，如果想让自己的宝宝乖乖吃饭，那就从小就训练她吧。

当然，宝宝自己吃饭，是一种很复杂的活动，它要求宝宝的手、眼、嘴的高度协调，同时还伴随着上半身多组肌肉的配合，而这些协调与配合又是受大脑的指挥的，所以说：训练宝宝自己吃饭是一种早期教育。

从儿童生理、心理发育的过程来看，宝宝自己吃饭是求知欲和好奇心的表现。1岁以后的宝宝自我意识开始萌动，他们渴望做一些事情，比如学习走路，学习吃饭，而且有时，我们看到宝宝不愿得到大人的帮助，要自己单独去做。而这一切都是宝宝的好奇心在"作祟"，而爸爸妈妈可以利用宝宝的好奇心让宝宝学习吃饭。如果宝宝自己真的实现自

己吃饭,就会初步品尝到成功的滋味,自信心也随之大增。

所以,爸爸妈妈不要因为怕宝宝弄脏衣服,摔坏东西,就不给宝宝自己吃饭的权利了。这只能徒增以后宝宝自己学习吃饭的烦恼,并且还让宝宝养成依赖的性格。

那么,要怎样交给宝宝和大人一样吃饭呢?

制定宝宝吃饭时间表,潜意识培养宝宝自己吃饭

2～3 个月宝宝

当用小勺给宝宝喂些果汁、果泥时,让宝宝对勺子也有一定的感性认识,并学会把食物由舌前送到舌根部,为将来自己使用勺子奠定基础。

6 个月宝宝

宝宝可以自己拿饼干吃了,不过她会吃得到处都是饼干屑,不过不要干涉宝宝,吃饱后爸爸妈妈再去打扫"战场"。

10 个月宝宝

大人端着杯子,宝宝自己喝水

12 个月的宝宝

自己拿着杯子喝水。

1 岁宝宝

一岁是训练宝宝自己吃饭的最好时机,错过这个时期,往往很难训练,所以要坚持让宝宝自己吃,并且教会宝宝必要的技巧,逐渐纠正撒饭多的毛病。

1 岁宝宝的吃饭具体训练

宝宝学习吃饭三征兆

征兆一:吃饭时,宝宝喜欢手里抓着饭。

征兆二:会用杯了喝水。

征兆三:勺子里的饭快掉下来的时候,宝宝主动去舔勺子。

宝宝自己吃饭的准备

给宝宝准备自己的餐具

1岁的宝宝喜欢跟成人在一起上桌吃饭，也喜欢拥有自己一套餐具，妈妈可以为宝宝准备单独的小碟子，盛上适合她吃的各种饭菜。然后让她尽情地用手或用勺自己吃饭，即使吃得一塌糊涂也不要在意，要知道宝宝就是在一塌糊涂中成长起来的。

当然，如果宝宝不好好吃，妈妈可以适当地喂一下宝宝，但是不要太"过分"。

宝宝要有自己的位置

1岁左右的宝宝最不能容忍的就是妈妈一边将其双手紧束，一边一勺一勺地喂她。在独立意识的驱动下，宝宝会认为这伤害了自己的自尊心，于是宝宝常常报以反抗或拒食。所以，妈妈要给宝宝准备和家里人一样的位置（注意宝宝安全，最好为宝宝准备一把幼儿专用椅）。当宝宝受到同等礼遇的时候，自然会以其他人的要求来要求自己。

为宝宝准备可以拿的食物

1岁宝宝手部已经得到很好的发育，妈妈可以教宝宝吃一些用手捏起来比较容易的食物，比如土豆丝、红薯片、豆角等。

宝宝吃饭注意事项

教宝宝时一定要有耐心，刚开始宝宝不熟练，即使她把饭吃得乱七八糟，家长也不要责备宝宝，给宝宝鼓励让他们做好这件力所能及的事。

引导宝宝主动地去学习吃食物，不要让宝宝偏食，为宝宝准备多一些的食物，这样宝宝不但可以体会到进餐的乐趣，还可以促进食欲，补充到多方面的营养。

有些宝宝会用左手拿勺，不要强迫宝宝使用右手，因为同时使用左右手更有助于大脑的发育。

告诉宝宝吃饭就是吃饭，不能边吃边玩，另外还要让宝宝吃饭养成

定时定量的习惯，这主要是爸爸妈妈的任务了。

不要强迫孩子吃饭，等孩子饿了，有了迫切想吃的欲望时，再给她吃。这样几次过后，她就知道：不好好吃饭就意味着挨饿，自然就会按时吃饭了。另外，不能总担心宝宝饿，给她零食吃，那就会适得其反。

宝宝吃饭的教育细节只要家长认真摸索，都会找出有效的途径让宝宝独立起来，摆脱"喂饭"。如果教育得当的话，2 岁的宝宝就完全可以自己吃饭了，这会省掉爸爸妈妈很多麻烦，并且宝宝也因为自己学会了吃饭而自尊心大增。

第五十五节　安全教育，让女儿远离危险

美国北卡罗来纳州的政府教育部门做了一期"不要开门"的专题节目：一名工作人员，将自己装扮成送货员，拿着大批宝宝们喜欢的东西，到一些孩子"独守空房"（父母不在家）的家庭造访，这些家庭事前已经得到父母的同意。

结果显示，只有一半宝宝表现良好，虽然"送货员"对他们百般诱惑，他们要么不予理睬，要么隔着门应答。但是另一半宝宝不但引"狼"入室，还以小主人公的姿态，带"送货员"逐房参观。

这个节目让爸爸妈妈意识到自己宝宝的安全意识很差。许多家庭宝宝独处机会少，一个宝宝身边有好几位长辈严密看护。但是，这并不能消除宝宝身边许多潜在的安全隐患，由于"过度的保护"，宝宝独立的安全意识很薄弱。一旦"人为保护"消失，宝宝马上就会处于危险之中。而宝宝也因为爸爸妈妈不在身边就感到无所适从，时常做些"危险动作"。如果你家宝宝总是出现一些意外事件，如从凳子上摔下来，被掉下来的杯子扎破手指，遇到漂亮的液体就去尝一尝……那么，你的宝宝就真的需要安全教育了。因为当家长不在宝宝身边的时候，她的保护神只有她自己。

一般来说宝宝1岁不到，只要能理解大人说话，就可以对她进行安全教育了。主要的教育内容是让宝宝懂得什么是危险，怎么避开危险。这些教育要从一点一滴教起。爸爸妈妈可以采用以下几个方式：

在生活中培养宝宝安全意识

宝宝经常会因为生活中的一些小细节没有意识到，而产生危险，所以，家长要告诉宝宝平时应该怎样做。

安全标志：

爸爸妈妈带宝宝出门时，可以引导宝宝看一些安全标志，告诉她，红色的标志表示禁止，黄色标志表示警告。另外，还要让宝宝知道标志上的图案的意思和禁止的内容。提醒宝宝出门时一定要注意安全标志，并按照安全标志去做。

危险的家庭日用品：

家庭里常用的消毒液、电器，藏起来不是办法，只有让宝宝意识到它们的危险，才能从根本上解决宝宝的因为好奇心带来的伤害。

生活习惯：

让宝宝学会喝水吃饭时，先用手摸摸碗或杯子，以免烫嘴，不能乱吃没有生产标志的东西，不要用牙签剔牙。

走路时手不插在衣兜里，扶着栏杆上下楼梯；靠右行走，过马路走人行横道，注意红绿灯和来往车辆。

不能含着东西睡觉，不把杂物带到床上玩，不在门边玩，不把手放在门缝、抽屉里，知道"安全门"的作用。

告诉宝宝爸爸妈妈的姓名和家里电话，并让宝宝知道一些常用的警报电话：110、120、119等。

在游戏中培养宝宝的安全意识

游戏是宝宝除了吃穿之外最重要的活动了。在游戏中教育宝宝，除了可以避免宝宝因为游戏发生危险，还能很好地让宝宝意识到一些不常

见的危险，并学会如何处理。

角色游戏中教宝宝处理问题

爸爸妈妈充当陌生人——

下大雨时，宝宝正在等爸爸妈妈接宝宝回家，一个陌生人说他能用他的车载宝宝回家。宝宝怎么应付？

在游乐场，陌生人说，他的宠物狗丢失了，问宝宝是否能帮他找一找。宝宝应该怎样做？

爸爸妈妈不在家，陌生人敲门说，他的车坏了，想借电话用用。宝宝怎样做？

宝宝和爸爸妈妈在陌生的地方走失了，陌生人说，他知道爸爸妈妈在哪里，要宝宝和他一起走，宝宝怎么办？

一个能叫出宝宝名字的陌生人对宝宝说，宝宝妈妈受伤了，嘱咐他来接宝宝。宝宝跟他走吗？

……

这些小游戏都不但可以提升宝宝的思维灵敏性，还可以让宝宝学习到自己安全的重要性。另外，一些有危险的游戏，爸爸妈妈提醒宝宝要注意危险，比如，急跑、爬高等。

在阅读中培养宝宝的安全意识

当你给宝宝讲白雪公主时，宝宝就能从故事中明白，不应该随便吃别人给的东西。爸爸妈妈还可以给宝宝看一些少儿安全教育的节目，这样宝宝在阅读中，就提高了安全意识。

由于一些动画片，宝宝并不能看得懂，当宝宝学习其中某些行为时，往往会出现意外，爸爸妈妈要告诉宝宝哪些可以学习，哪些是不能学习的。

当然，宝宝的安全教育问题，需要爸爸妈妈有对宝宝安全意识的概念，如果父母都没有做好，宝宝又何谈安全意识呢？

比如有的爸爸妈妈带宝宝开车，没有意识到宝宝安全，当急刹车时，宝宝的脑袋就被撞到了。宝宝把杯子摔到地板上，爸爸妈妈没有及时清理，宝宝的脚被扎了……

总结来说，安全教育不只是宝宝一个人的事情，爸爸妈妈提高宝宝安全意识的前提是让自己有了充分的安全意识。只有这样宝宝才会在心里真正明白，才能达到安全教育的目的。

第五十六节　会拒绝，自我保护的第一步

丫丫高高兴兴地拿着滑板车出门了，但是刚玩滑板车不久，一个小男孩，就跑过来，要丫丫的滑板车。丫丫很害怕，把滑板车给了小男孩玩。爸爸下楼看到丫丫，丫丫委屈地说，滑板车被小哥哥抢去玩了。爸爸看到那个小男孩比丫丫还小，丫丫竟然害怕地叫人家小哥哥。爸爸没有说话，向小男孩要回滑板车回家了。

第二天，爸爸在和丫丫下楼玩滑板车时，又遇到那个小男孩，爸爸对丫丫说，别害怕，他是小弟弟，如果抢你的滑板车，你就说不，丫丫是最棒的"！不久，爸爸听到脆生生的："不行！我还要玩呢！"

女宝宝因为自己的不爱竞争的特点，总是让男宝宝欺负。而教育女宝宝拒绝一些无礼的要求，就成为女宝宝学习自我保护的重要内容。所以，当你的宝宝总是事事顺从、听话，就要对宝宝的反抗意识多多培养了。让她们遇到不正确的要求时，能分辨是非，敢于说"不"。只有宝宝做事有主见，才能学会自我保护，不被他人左右。

欧美等国家非常重视孩子说"NO"，很多妈妈为孩子学会说"NO"而感到高兴。一般来说，宝宝2岁前后就开始说"NO"了，因为此时宝宝的反抗意识很强烈，这也是宝宝顺利成长的标志。如果在反抗期里，宝宝还不会反抗的话那就比较令人担心了，因为宝宝在这个时期没有培养好反抗意识，以后在小朋友之间就会容易受到欺负。

当然，有的宝宝在此时期有了反抗意识但是被爸爸妈妈的教育

"消灭"了，我国传统观念让爸爸妈妈对宝宝的反抗很是恼火："怎么能对父母这样。""小小年纪就这样将来还得了。"……对于女宝宝的教育更是过火，为了让宝宝听自己的话，软硬兼施，想尽一切办法；为了让宝宝做淑女总是说服宝宝满足别人的要求；不管宝宝提出什么要求，总是给予满足……

结果，宝宝的反抗意识不是被家长的软硬兼施消灭，就是宝宝没有利用反抗意识的"用武之地"，所以，女宝宝面对一些突发事件的时候，总是表现出手足无措的懦弱特点。因为她们没有想到在自己的学校，在自己的老师身边，在爸爸妈妈身旁，竟然会发生这种事情！

另外，宝宝如果没有反抗意识，不仅会让别的小朋友欺负，以后长大不能很好地与人交流，产生胆小、自卑的特点，还会容易听从陌生人的话，被别人欺骗。

所以，如果你的宝宝到了三四岁还是"怯怯"的样子，不要以为宝宝是淑女的好苗子，而要成为受气的"小丫头"了，教育她说"不"已经刻不容缓。

家长在教育宝宝说不时，先要找到宝宝不敢说不的心理，这样才能做到"药到病除"。一般来说，宝宝不会说"不"，主要有以下几个原因：

胆小

这是大多宝宝的不敢说不的原因，女宝宝更是如此，所以交给宝宝勇敢才是家长要做的。在拒绝上，鼓励宝宝试着拒绝别人，当宝宝发现这并不可怕，胆子大起来，也就会说不了。

好面子

宝宝和大人一样也有面子问题，别人向她借东西，生怕别人说自己"小气"，所以为了照顾面子，就做了违心的事。所以，家长要告诉宝宝，说不，只是要求自己的权利，是更加有面子的事情。相反，如果总是顺从别人，别人会认为宝宝好欺负，就更不会认为宝宝有面子了。

害怕别人不跟自己玩

有的宝宝在人际关系上比较依赖别人，所以当别人提出一些要求后

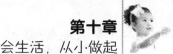

总是马上答应，甚至人家没有说，都会主动送上去，可以说这是她心甘情愿的，为了避免孤独，避免没有伙伴，她只好"讨好"别人了。这样的宝宝关键问题是没有自主能力，不会独立生活。培养宝宝的独立性，宝宝说"不"就水到渠成了。

没有拒绝的习惯和技巧

这是爸爸妈妈让宝宝失去反抗意识造成的后果。所以，日常生活中，要给宝宝拒绝的机会和交给宝宝怎样正确地拒绝别人。

以上是针对已经受到欺负的宝宝，提供的方法，而如果你的宝宝还没有出现这些问题，并不是说以后就不会出现，在此介绍几条说"不"的小经验，使宝宝第一时间学会拒绝：

利用宝宝的反抗期

处于第一反抗期的孩子想自己来做事情的愿望变得强烈起来，动不动就说"不"。面对孩子的反抗，爸爸妈妈不要训斥她，应该适当地满足孩子的"不"。当宝宝提出不时，看看她是建立在自发性基础上的自我主张，还是出自任性的欲望。前者给予肯定，后者给予拒绝，比如宝宝想要自己吃饭、穿衣等爸爸妈妈要给予宝宝机会；宝宝"想要买玩具"、"还想要吃点心"就要适当加以限制。

让宝宝自信

自信的宝宝能很好地把握自己的权利，让宝宝自信起来，给予她相应的肯定和信任宝宝就能够很好的拒绝别人。

学会接受他人说"不"

在拒绝别人时，学会接受别人说"不"是重要的前提。在宝宝小的时候，爸爸妈妈告诉宝宝别人的东西不属于你，只有在人家同意的情况下，才能享用一会儿。宝宝学会碰别人"钉子"，就会在拒绝别人时，学会相应的拒绝技巧。

教女小贴士：培养做事有始有终的小宝宝

宝宝做自己的事情总是留下长长的尾巴：饭吃剩下两三口、玩具玩完了扔在那里不管，刚刚玩拼图，觉得没有意思就去玩积木……无奈，爸爸妈妈总是给宝宝清除这些尾巴。但是这并不能让尾巴减少，反而尾巴会愈演愈烈。

宝宝小的时候，爸爸妈妈觉得宝宝注意力时间因为比较短就不去管她，到了宝宝大了之后，做事情就总会有始无终，甚至会产生许多"副作用"：和别人说话不算数，迟到、早退，拖拖拉拉不能按时完成任务……而这些，带给宝宝的只能是：失信，自然宝宝也会得不到别人的信任，一个在社会上失去信用的人，还能有什么成功的机会呢？

所以，爸爸妈妈一定要让宝宝养成做事有始有终，持之以恒的习惯，这是宝宝最可贵的非智力因素之一，3 岁前是培养宝宝良好行为习惯的关键期，所以，为了让宝宝扫掉小尾巴，就从现在开始培养吧！

那么，怎样扫掉宝宝的小尾巴，让宝宝做事有始有终呢？爸爸妈妈可以从以下几个方面入手：

不要让宝宝失去兴趣

宝宝做事之所以不能持之以恒，很大的原因是宝宝对正在做的事情失去了兴趣。所以，让宝宝对一件事产生持久的兴趣才是家长要做的。

比如宝宝玩拼图，不久觉得拼图很简单，就不会喜欢玩了，家长这时要给宝宝难一些的拼图，让她继续保持对拼图的兴趣，这样宝宝在一次次的成功中，难度加大中，体验到拼图的快乐，就做到了持之以恒。

制定合适的目标

为了宝宝持之以恒，爸爸妈妈也可以给宝宝制定一个合适的目标，当有了目标，宝宝就会因为目标而"战"，比如宝宝学习走路时，爸爸妈妈可以告诉宝宝，走到前面的小花坛，爸爸就带宝宝做"举高"的游戏。

做宝宝的表率。

"上梁不正下梁歪"。如果想让宝宝从小养成良好有始有终的好习惯，那么"上梁必须正"，以身作则，无论处理什么事情，都要认真、圆满地完成，做孩子的表率。比如，当大人用完东西放回原来的位置，宝宝也就会学习，把不玩的玩具放在原来的位置。

鼓励宝宝去做完自己的事情

宝宝有始无终，很多时候是因为一些小困难，比如自己拿勺子吃饭，勺子掉在了地上，就觉得很难，不想自己学习了，此时爸爸妈妈要给予宝宝鼓励，不要因为食物掉在刚换洗的衣服上就唠叨宝宝，这样，宝宝自己学习吃饭就会更没有信心了，甚至，宝宝还会因为自己的自尊心受损而产生逆反心理。

所以，当宝宝出现了困难时，爸爸妈妈要细心观察，对于宝宝的困难及时予以帮助，对于她的点滴进步要及时予以鼓励、表扬，使她产生愉悦感和自信心，树立宝宝坚持完成任务的决心。

从严要求

宝宝的一些坏习惯，爸爸妈妈不要以为起先是宝宝兴趣所致，后来是因为没有兴趣和感觉宝宝就不去做了，结果，宝宝就会发现，原来，有些事情是有始无终的，不必强行的改变。这样，宝宝做事就会有始无终了，所以，爸爸妈妈要求宝宝改掉什么习惯一定要坚持到底，不要迁就。

培养宝宝的专注力和自制力

许多事情没有做完是因为宝宝注意力时间不长导致的，所以家长要对宝宝的专注力进行培养，当宝宝专注的时间长时，自然，做事也就有始有终了。

宝宝的自制力就是能够控制自己、支配自己的行动的能力。当宝宝的自制力得到了提高，就不会因为兴趣不高就不去做这件事情了。

关于专注力和自制力，爸爸妈妈可以从生活细节入手。先提出小的要求，让其通过不大的努力就能完成任务，久而久之，就会逐步地学会

控制、约束自己的行为，去完整地做好每一件事情。

让孩子负一点责任

当宝宝有了责任意识，做事也就有始有终了。比如爸爸妈妈告诉宝宝玩完的玩具要放回原处，这是宝宝应该做的。

另外，家长在给予宝宝责任意识时，一定要郑重，这样宝宝才会觉得事情重大而认真完成。平时让宝宝去取牛奶、取报纸等事情，都会培养宝宝的责任意识，同时也增加宝宝克服各种困难的勇气，通过自己的努力把事情做好，养成了做事有始有终的习惯。

第十一章

言传身教，铸造宝宝N个好习惯

"野蛮产生野蛮，仁爱产生仁爱。"新出生的宝宝像白纸一样，依靠着天生惊人的模仿力，"摄像"着父母的一言一行，然后自己进行模仿学习。从爸爸那里，他们学到了早晚刷牙、遵守规则；从妈妈那里，他们学到了按时睡觉、干净整洁……

第五十七节　父母是孩子教育的主角

英国著名教育家斯宾塞说过："野蛮产生野蛮，仁爱产生仁爱。"对于0~3岁宝宝来说，模仿是他们非常突出的心理特点。新出生的宝宝像白纸一样，依靠着天生惊人地模仿力，"摄像"着父母的一言一行，然后自己进行模仿学习。

所以，有人说，孩子是父母的镜子，在宝宝身上惊人地透视着父母的一言一行："这孩子脾气犟得跟他爸一样"，"我这个孙女很像她妈，这么小就很勤快，自己的事情自己做""她爸爸总是做事慢慢悠悠，看孩子也是个慢性子"……

有这样一个小故事：

在一个小镇上生活着一对夫妻，他们种的蔬菜在全镇有名，算得上是小康人家。当他们生了一个可爱的女儿后，母亲迷上了跳舞。

在一个刚下过大雪的清晨，妈妈嘱咐女儿好好在家，便走向了"心爱"的舞厅。没走多远，母亲觉得有人跟在后面，当她转过身来时，发现女儿正踩着她留在雪中的脚印前行。看到母亲看着自己，女儿很兴奋地喊道："妈妈！我正踩着你的脚印向前走哪！"女儿的话使母亲为之惊愕，心想："我要是总去舞厅，女儿也会迷上跳舞的。"

从那时起，母亲再也没有去过舞厅！

对于宝宝来说，他们刚出生并不知道自己应该学习什么，应该怎样做，而爸爸妈妈就成为宝宝的第一位老师。这位老师的言行不仅是宝宝人生知识的开端，也是一个人成长的开始。而宝宝从父母那里得到的不仅是他们的教诲，还有对爸爸妈妈耳濡目染的行为习惯，而这些比父母对他的说教影响更为深远。可以说父母不仅是孩子的第一位老师，也是孩子终身的老师。所以，要想宝宝从小形成良好的生活习惯，家长必须身体力行、以身作则。

具体来讲主要有以下几个方面：

持之以恒对待宝宝

不要当着孩子是一套，背着孩子又是一套，比如爸爸妈妈教育宝宝讲诚信，自己却在某些时候为了小利益说谎。这样宝宝一旦发现，也会欺骗父母。另外，爸爸妈妈不要因为太过忙于工作，或者应酬玩乐时间过多，无暇与孩子交流，管教孩子的方法过于简单化。如果对宝宝时而过分溺爱，百依百顺；时而十分粗暴，大声呵斥，这样宝宝既不会形成良好的行为，还会因为父母的反复无常而自己也变得反复无常起来。

有矛盾和争吵时，避开宝宝

不要在家庭琐事上，互相扯皮，争吵，这样会打击宝宝的心理。宝宝很可能因为爸爸妈妈的争吵，而形成自卑的性格。如果因宝宝教育方法不一致而公开争吵，会使孩子感到不安全和不知所措。因为孩子常常会模仿父母，所以家长在孩子面前，教育观点要保持一致。

如果父母有不同意见，要避开孩子进行讨论，不要让宝宝感到只有一个人说了算，以免一方不在场时，宝宝对另一方的教育不听。

改掉自己的陋习

为了让宝宝有个好榜样，爸爸妈妈必须改掉自己的陋习，这是最难做到的，但是为了宝宝的健康成长，爸爸妈妈必须做到。在学校教育中，许多道德问题说起来很概念化，对于宝宝来说，学校教育很必要，但是对于教育效果来说，却远不及爸爸妈妈用生活中的小事教育对孩子起到的榜样作用有效。

而宝宝一些不良的习惯产生也正是爸爸妈妈让宝宝耳濡目染所致。所以，当父母教育宝宝时，宝宝自然也会反问："为什么爸爸不刷牙就可以，我不刷牙就要打屁股？"

当然，父母作为宝宝的第一任老师，以身作则的方面很多。当爸爸妈妈意识到自己坏习惯对宝宝带来的严重影响时，就要更加努力地为宝宝树立一个好榜样！

第五十八节　怎样培养婴儿良好的睡眠习惯

好的睡眠习惯可以说是宝宝一生的财富，因为睡眠不好会滋生身体、心理的很多问题。对于女宝宝来说，长大后如果一直保持好的睡眠，那就是一笔不可多得的天然皮肤营养品，痘痘包包的问题染上的概率也会大大降低。爸爸妈妈要养出一个小美人，让宝宝形成好的睡眠习惯是不可或缺的。

当然，在0~3岁时，宝宝的睡眠习惯不可能和爸爸妈妈一样，但是爸爸妈妈规律的睡眠是宝宝得到好的睡眠习惯的前提。想象如果两位日升而息，日落而"歌"的爸爸妈妈是不可能让宝宝形成好的睡眠习惯的。

如果爸爸妈妈有了好的睡眠习惯，宝宝就有了好的睡眠习惯的根基，爸爸妈妈也就更有精力去打造宝宝一流的睡眠。

那么，具体来说，如何培养宝宝的睡眠习惯呢？爸爸妈妈要从以下几个方面入手：

何时培养睡眠习惯

好的睡眠习惯指按时睡、自动入睡、睡得踏实；按时醒，醒后精神好。宝宝在3个月时，每天的生活就有了一定的规律。他们不像一两个月时吃饱了就睡，现在醒的时间明显延长了。可以培养良好的睡眠习惯了。

好的睡眠环境

室内要保持安静，也不必寂静无声，否则会让宝宝对声音过度敏感。室内要冷暖适当，空气新鲜，除冬季开窗换空气外，其他季节可开

窗睡眠，因为新鲜空气含有充足的氧气。注意不要有穿堂风，也不要有风直吹宝宝。

保证定时作息

宝宝每天睡眠都要有固定的时间，不要因为家长的原因随便更换，比如爸爸加班，妈妈就抱着宝宝等爸爸回家。另外，为了宝宝睡觉时间定时，晚饭时间也要固定，最好是下午5：30～6：00，这样吃完饭后，她可以玩1个小时，7：30就可以准备睡觉，8点钟左右正式上床睡觉。

睡前活动

注意睡前不要让宝宝过分紧张或过分兴奋，最好让她做比较安静的活动或游戏，比如画画、看书、讲故事、听音乐、堆积木等，千万不要让她做剧烈的运动，或看些惊奇、恐怖的节目。

宝宝睡觉前半个多小时要给宝宝洗澡、换睡衣。

为了促进宝宝睡眠，白天尽量让孩子多活动，玩累了，上床后就易入睡，而且也能睡得好，睡的时间也长。

独自睡觉

在宝宝自己的小房间，为她准备自己的小床，床上放上她喜欢的枕头、被子、床单，这样宝宝从小熟悉自己的睡觉的环境，看到床就意识到"这是睡觉的地方"，渐渐就形成了正确的睡眠习惯。

不要打扰宝宝睡眠

宝宝睡眠周期比较短，浅睡眠时间比较多，我们看到宝宝睡觉时，经常有微笑、皱眉、伸展四肢、哼哼声的现象。此时，不要因过分照顾而打扰婴儿。当婴儿在睡眠周期之间醒来时，不要立刻抱起，哄、拍或玩耍，这很容易形成每夜必醒的毛病。

3～4个月以后的宝宝，夜间就可以不再喂奶了，不能因为宝宝一醒就喂奶，这样就会养成宝宝夜醒多次和含奶睡眠的习惯。如果宝宝夜哭想吃奶，妈妈可以把手放在孩子身上，轻拍、抚摸、搂抱一会儿，轻哼催眠曲，不要开灯。也许不久，宝宝就安静了。

睡眠的坏习惯

宝宝总喜欢把自己的玩具带到床上，这对宝宝睡眠很不好。虽然玩具能给宝宝带来快乐，但是，睡觉时宝宝拿着玩具就会自己玩，有时时间很短仅十几分钟而已，有时就会很长一个甚至两个小时，或者更长。这就打乱了宝宝的睡眠时间，按时睡眠的习惯就不容易形成了。另外，由于卧室灯光都比较暗，宝宝玩玩具比较容易伤害眼睛。

宝宝睡觉时有蒙头睡、含奶头、咬被角、吮手指的坏习惯，家长见到要及时矫正，防止宝宝养成不良习惯，睡眠不好。

第五十九节　做一个遵守规则的好宝宝

有位爸爸和1岁多的宝宝女儿做游戏，游戏的内容是：老虎追狐狸。

最初，爸爸当老虎，女儿当狐狸。狐狸跑到卧室里把门关上！这个游戏就结束了。后来，妈妈提议，要不让爸爸来当小狐狸，女儿当老虎，但是狐狸爸爸跑到卧室关门的时候，女儿就开始大哭，不让爸爸关门。结果本来好好的游戏，闹得很扫兴，爸爸不懂为什么女儿不遵守游戏规则呢？

游戏是宝宝生活的一部分，许多宝宝从游戏中懂得了规则的作用，那么，教给宝宝遵守游戏规则是十分重要的了。宝宝没有遵守游戏规则，可能是由以下原因造成的：

其一，年龄过小，不懂遵守规则。游戏内容对宝宝来说比较难，宝宝难以成功，受到打击。针对这种不遵守规则的状况，爸爸妈妈要选择

适合宝宝年龄的游戏规则，不要过于复杂和简单，让宝宝懂得游戏规则，使游戏取得成功。

其二，宝宝的好胜心过强，总想比别人做得好。这主要出现在竞赛性游戏中，此时爸爸妈妈要让宝宝认识到，如果宝宝想成功就必须遵守规则，否则就会失败。

其三，宝宝缺乏生活经验。爸爸妈妈可以交给宝宝自己的角色应该怎样做，为什么要这样做，这样宝宝就学会了遵守规则。

一般来说，对2岁到2岁半左右的宝宝来说，学会遵守规则是件不容易的事，但在理解了制定规则的原因后，会乐意地遵守。在生活中，他们除了会尊重游戏规则外，还会遵守一些交通法则，遵守幼儿园上课的规定，遵守一些爸爸为宝宝制定的要求，比如，什么时间睡觉，什么时间起床，以及要怎样吃饭。而这些都是宝宝养成遵守规则的基础。

那么，具体来说怎样教宝宝遵守规则呢？

父母以身作则

小孩总是以大人为榜样，如果爸爸骑车带宝宝闯红灯，宝宝自己也会闯红灯，如果爸爸不按要求放置自己的汽车，宝宝也会乱摆自己的东西，所以，父母一定要在公共场所教育宝宝怎样严守规则，这样通过行为的力量，宝宝也就有了对遵守规则的意识。

说明制定规则的原因

要让孩子了解规则无处不在，一定的规则能保证人们更好的生活。告诉宝宝过马路遇到红灯不停下就会被车子撞倒，手不干净就吃饭会肚子疼等。爸爸妈妈要注意讲道理时要简明易懂，因为道理过多过深宝宝会理解不了，自然会对规则置之不理。

爸爸妈妈还可以时常反问宝宝，如果不遵守规则会怎样？让宝宝设想违规的后果，引起她对执行规则的重视。

要经常重复规则

宝宝因为集中注意力时间比较短，不久就会把规则忘掉，所以，爸爸妈妈要经常提醒宝宝去遵守规则。比如饭后洗手，晚上什么时间睡觉。

千万不要因为宝宝忘记了规则对宝宝大吼："这么晚了，怎么还在玩，还不睡觉去！"这样教育可能让宝宝在一定时间内会遵守你的规则，因为她没有办法，但是等到她有了自己的反抗能力，就把规则踩到脚下了。

所以，经常重复规则，这样宝宝才会慢慢地养成遵守规则的习惯。另外宝宝的规则不要太多，这样宝宝会记不住。

制定规则要认真

如果是一时兴起给宝宝制定规则，最好不要制定，因为这些规则很难坚持下去。所以爸爸妈妈制定规则时，一定要经过深思熟虑，这样执行起来，监督起来才会有意义。如果今天不如这样，明天不如那样，弄得自己都不知道都有哪些规则让宝宝遵守了。又何谈让宝宝遵守规则呢？

爸爸妈妈也不要在生气的时候给宝宝制定规则，这些规则一般都是不理智的，而且执行力度也很差。

坚持执行规则制度

如果一个规则没有人执行，那么就不是规则了，所以，父母在制定规则之后，就要让宝宝坚持执行，最好记下来，以明示宝宝和自己。

规则要清楚明了

规则不清楚，宝宝就不会执行，因为这个规则的漏洞太多，宝宝也会钻规则的空子。所以，制定一项规则之后，要把细节写清楚，比如宝宝便后洗手，要把应该怎样洗手和宝宝说清楚。

不要制定超出宝宝能力的规则

对2岁多的孩子来说，有的规则是无法执行的，如"吃饭时不要发出咀嚼的声音"、"玩完后物归原处"等，因为这不是2岁多孩子力所能及的。

另外，平时让宝宝谈谈生活中的一些规则，如果宝宝有能力的话，也可以给爸爸妈妈制定一些合理的规则，比如，许多爸爸经常忘记系安全带。宝宝通过幼儿园的教育，可以给爸爸制定。宝宝有了制定规则的权利，自然也就会遵守自己制定的规则，相信这方面，宝宝比大人做的

还要好。而在宝宝给大人制定规则中，也能促进亲子关系，相信爸爸妈妈看到宝宝为自己制定的规则，也会感受到宝宝对父母的爱！

第六十节　宝宝黏人怎样改

当妈妈正忙乱着要赶去上班或者出门时，已经 10 个月的宝宝突然不玩玩具了，哭闹着向妈妈爬过来，妈妈走过去抱起宝宝，就陷入了宝宝的"温情地震"：宝宝勾着妈妈的脖子，紧紧搂住妈妈，一边哭一边不让妈妈离开。奶奶和爸爸说了好久，就是不松手。为什么宝宝会突然这样做呢？

伦敦 SouthBankUniversity 的儿童心理学教授 DavidMesser 认为，8 个月左右的宝宝正好处于能够四处爬行、移动的时候，当妈妈离开她时，她便开始试图阻止妈妈离去。

宝宝阻止妈妈的主要原因是她意识到妈妈不是自己的附属品，而是一个可以离开自己、四处活动的独立个体，所以为了挽留妈妈在身边，就使用了"独家武器"——哭闹。如果效果好，以后她还会继续使用。

其实，宝宝刚出生时，她对于任何人向她伸展开的手臂都表示欢快，并不在意亲爱的妈妈是否一直在自己身边。因为他此时并没有分清妈妈和别人的区别，而当宝宝意识到有区别之后，就会对照顾她的亲人有很强的依赖性，这就是开始黏人，相反对于陌生人也产生了恐惧。

可以说，宝宝此时黏人并不是什么坏的表现，相反，还是比较好的情绪反映。此时的宝宝黏人体现了她和照顾她的人之间建立起了坚固的、亲密的关系，这让宝宝有了安全感和信任感。这种亲密的关系对于宝宝成长为一个健康、快乐、自信、亲近她人的人具有重要的作用。

不过，宝宝的这种黏人会给妈妈或者经常照顾她的人带来不便，并且随着以后宝宝年龄的增长，如果这种黏人现象没有得到改变的话，宝宝的独立性就会受到影响，因为她会越来越依靠爸爸妈妈而生活。许多宝宝到了四五岁还对爸爸妈妈不放手就是此时没有处理好的原因。

所以，针对宝宝的黏人习惯，爸爸妈妈要做到渐渐缓解，最终让宝宝养成独立的好习惯。那么，具体来说要怎样做呢？

给宝宝足够的幸福感

有的宝宝总是黏人是因为需要妈妈给予她更多的关注，希望妈妈爱自己，而当妈妈给予了宝宝足够的幸福之后，宝宝的黏人状况就可以得到改善。由于八个多月的时候，爸爸妈妈都开始进行正常的工作了，自然不能每天都陪着宝宝，这样宝宝就会感受到爸爸妈妈"抛弃"自己，所以会更加黏人。此时爸爸妈妈一定要在下班之际，给予宝宝足够的关爱，可以多抱抱她、亲亲她，这样，宝宝知道爸爸妈妈虽然有时不在她身边，但是还是爱她的，那么她也就不去黏人了。

让宝宝和其他的人玩

宝宝黏人，有时候是因为喜欢和大人一起玩，她还没有体会到和除了爸爸妈妈其他人一起玩的快乐，所以，给予宝宝一些自己的空间，让宝宝和其他小朋友一起玩，宝宝就会减少对爸爸妈妈的黏人状态了。这还可以让宝宝接触更多的人，培养良好的人际关系。

给予宝宝独立的空间

给予宝宝独立空间是宝宝独立的重要前提。当然最初的时候，宝宝可能不大适应。爸爸妈妈可以采取循序渐进的方法，都在家时，你可以让她一个人玩，但她可以常看见你，渐渐地偶尔离开，并对宝宝说明原因，承诺好自己什么时间会回来，记住一定要遵守信用，否则宝宝就会不相信你说的话，对你的离开还是会大闹的。渐渐将宝宝独处时间增加，而当自己上班时，宝宝也就会因为习惯在爸爸妈妈离开的时间中，自己做自己的事情了。

不要让宝宝认为自己就是黏人的

妈妈不要在宝宝面前对别人说这样的话：没有宝宝我哪儿都不去。宝宝最喜欢黏着我。这些话带给宝宝的信息就是暗示黏人的行为是被鼓励的。而以后宝宝就会更加向黏人的方向发展。

第六十一节　宝宝爱清洁，父母是先锋

　　干净、清洁几乎是一个女孩最基本的要求了。因为一个再漂亮的女孩子，如果脏兮兮的话，也会让人讨厌的，而一个相貌普通的女孩，如果干净整洁的话，别人也会喜欢的。可以说，干净与否是他人要不要和一个女孩子交流的前提。即使不进行交流，干净整洁也是必须的，因为浑身酸臭的人，不但影响别人心情，还会影响别人工作。所以，从广义上讲，干净整洁可以说是道德的要求。从小的时候，爸爸妈妈就要让宝宝养成爱清洁的好习惯。

　　由于 0~3 岁宝宝正处于身心全面发育的重要时期，这个阶段的个人卫生习惯和卫生状况如何，对其一生的影响都是至关重要的。家长抓住这个关键时期对宝宝一生爱清洁的习惯培养是有很好作用的。

宝宝清洁习惯培养时间表

8~9 个月宝宝

　　这时应培养宝宝伸手、伸腿、偏头洗耳颈等配合盥洗的动作，当宝宝嘴边或手弄脏的时候，要一面和她说"帮你擦干净"，一面帮宝宝擦拭。

1 岁以后宝宝

　　培养宝宝主动洗手，告诉宝宝如果不洗手，手上的细菌就会和食物一起进入肚子里而导致疾病，所以，宝宝从外面玩回来，不管手是否脏一定要培养洗手的习惯。爸爸妈妈先示范给孩子看，洗前卷袖口，洗时不溅水，洗后擦干手。

2 岁宝宝

　　此时可以教给宝宝用肥皂自己搓洗手，爸爸妈妈拧干毛巾让宝宝模仿洗脸动作，并培养宝宝饭后用冷开水漱口的习惯。

2 岁半宝宝

宝宝可以学习拧毛巾，自己洗手洗脸，刷牙，此时可以交给宝宝一些与盥洗有关的用语，如"刷牙、牙杯、毛巾、水冷、漱口"等，并告诉宝宝其中的一些细节，这样宝宝就懂得了初步的清洁知识。

清洁具体细节培养

父母以身作则

宝宝在婴儿期，是没有任何清洁习惯的，宝宝的清洁工作主要由爸爸妈妈来完成，如果爸爸妈妈没有做到位，比如大小便后弄湿了或弄脏了衣裤，没有及时换去，宝宝的皮肤就很容易发炎和引起皮疹。而如果爸爸妈妈对婴儿期的宝宝好好照顾，那么，宝宝就会在潜意识里形成清洁的意识。当宝宝比较大的时候，目睹爸爸妈妈的良好的清洁习惯，自己也会模仿，养成爱清洁的好习惯。

让宝宝意识到清洁的作用

当宝宝有了基本的理解能力，爸爸妈妈就可以告诉宝宝，清洁可以让宝宝健康不生病，那么宝宝在实际的行动中就会懂得什么应该做，什么不应该做。比如爸爸妈妈教育宝宝饭前洗手，宝宝知道不洗手就可能会肚子痛，所以即使爸爸妈妈忘记了给他洗手，宝宝也会用不吃饭来提醒爸爸妈妈。

宝宝清洁培养主要内容

宝宝清洁习惯主要分为三部分，其一，仪表方面，如衣帽整洁，勤洗手、洗脸、洗脚、洗澡，常剪指甲等。其二，机体方面，如消化系统的卫生，口腔和肛门的洁净，日常的肌体保健。其三，日常用品的卫生。爸爸妈妈需要从这三方面全面培养宝宝的爱干净的习惯。

纠正宝宝不良习惯

揉眼睛

宝宝1～2岁的时候，好奇心很强，加上行动能力的发展，他们常常摸摸这个，动动那个，尤其喜欢捡地上的小石头、小木棍、小纸片，

喜欢玩沙、玩土，小手时常弄得脏兮兮的。而在玩的过程中，很可能去拿脏手揉眼睛，引起眼部感染，这时爸爸妈妈要改变宝宝用手揉眼睛的坏习惯。

吮手指

宝宝喜欢吮手指是天生的，"吮"的动作可以说是他们的生存本能，我们看到刚出生的宝宝就会吮妈妈的奶头。在这个过程中，宝宝会因为饥饿好奇把手放到嘴里吮自己的手指，这都是自然的现象。不过，如果宝宝到了1岁还有吮手指的习惯，那么，手上的一些细菌就会乘机而入，引发疾病，并且，宝宝长期吸吮手指，就会出现手指变形，下颌发育不良，牙齿不齐的现象，既影响美观，也影响进食。所以，爸爸妈妈要及时给予关注，不让宝宝因为饥饿等原因"吃手充饥"。

咬指甲

宝宝精神紧张时，就会去咬指甲，这个动作似乎对宝宝有一定的安定情绪的作用，时间久了便会养成习惯。所以，要想让宝宝不去咬指甲，最好的办法就是消除宝宝的紧张因素，进而在分散宝宝注意力时，制止宝宝咬指甲的行为，记住，不要大声呵斥，因为这会更加让宝宝紧张的。

抠鼻孔

抠鼻孔一般是宝宝向大人学习的，所以，爸爸妈妈要先养成好习惯。另外，避免宝宝抠鼻孔，还要注意在洗脸时，把宝宝的鼻涕、鼻痂弄干净。平时为宝宝准备洁净的小手绢，也可以在孩子口袋中放一些手纸巾，让孩子学着自己擦鼻子。

咬衣被

由于衣被上粘有细菌，所以宝宝咬衣被也会使细菌进入身体。宝宝咬衣被一般是由于自慰，爸爸妈妈如果对宝宝缺乏关爱，宝宝就会这样做。所以在让宝宝消除咬衣被的前提是给予宝宝充分的关爱。

宝宝爱干净这一习惯的养成，不是一日形成的，爸爸妈妈一定要密切合作，不能间断，时时督促，只有这样，宝宝爱干净的习惯才能很好地养成。

教女小贴士：抓紧时间宝宝不磨蹭

大清早，宝宝被妈妈叫了很多次，还在自己的"小猪窝"里哼哼唧唧不出来。妈妈走过去，小家伙赶紧往被子里钻，紧接着宝宝的卧室又上演了一场清晨穿衣大战……好不容易让宝宝把衣服穿好了，洗脸时，宝宝又磨蹭了半个小时。吃饭的时候，妈妈很生气，没有理宝宝，宝宝一个劲儿地说："妈妈，我想去动物园看老虎，去游乐场玩碰碰车……"妈妈真是头大了一圈，吃顿早饭，没有理她竟然吃了40分钟！

你的宝宝是不是也是这样磨蹭呢？生气之余千万不要强求宝宝达到和你一样的速度，就算几个宝宝加起来也是不可能实现的。不过，这不是说宝宝的磨蹭就让她自由发展下去，如果这样的话，宝宝长大后就会把磨蹭当成自然，做什么事情都比别人慢半拍，在现代社会，这种慢半拍的性格对自己是很不利的学习磨蹭，成绩会受影响；工作磨蹭，没有效率，就会被炒掉，伴随磨蹭而形成的懒散作风，更是让宝宝的以后人生变得"坎坷"起来。

所以，家长一定要改变宝宝的磨蹭，这要从宝宝的磨蹭病因入手解决问题。

肢体运动力不强的宝宝

小家伙的手指灵活能力可不及大人，而这个年龄又是急切学着自理的阶段。她要慢慢地穿衣服，慢慢地收拾自己的东西。为了提高宝宝的动作速度，爸爸妈妈可以通过游戏来加以改变。一些能够加强宝宝的肢体灵活性的运动可以帮助宝宝提高速度，比如，玩积木、弹珠。而一些老鹰捉小鸡的游戏可以锻炼宝宝的灵敏性。

当然，如果宝宝真的年龄小，以高要求对待宝宝，真是强人所难了。

注意力不集中的宝宝

想要让这个年龄的宝宝集中精力做一件事，是办不到的，三心二意的本领只有她最能耐——这边还没穿好衣服，就跑到那边搭积木去了！另外，如果宝宝心里想着别的事情，她就会"漫不经心"地做爸爸妈妈要求的事。

所以，提高宝宝注意力，扫除让宝宝分心的事物，宝宝的磨蹭就会得到解决了。

值得注意的是，爸爸妈妈不要对宝宝说其他的小朋友做得有多好，那样会让宝宝产生反抗的意识，从而更加磨蹭了。

没有时间观念的宝宝

"老虎紧追到脚跟，还要回头辨雌雄"是宝宝没有时间观念的典型表现，这种现象在 0~3 岁的宝宝身上可是十分普遍，她可不管什么迟到、塞车，因为她只存在于此刻，对于未来没什么兴趣，也不知道未来会发生什么事情。

时间概念是比较抽象的，宝宝掌握时间概念也比较困难。一般来说，宝宝到了四五岁时还不具备时间性概念，他们真正掌握时间概念要在 7 岁以后。所以对于 0~3 岁宝宝，爸爸妈妈就不要强人所难了。

不过这个时候，爸爸妈妈可以让宝宝感受时间，认识不同的时间，如早上、中午、晚上。你可以用日历、钟表等具体事物表面特征的变化，来让宝宝领悟。比如，告诉宝宝早饭、午饭、晚饭的钟表的指针位置，把吃饭和时间结合，宝宝就体会更深了。

对于宝宝动作慢，爸爸妈妈可以用时间倒数法让宝宝完成任务，如果在计数开始的时候，孩子动作依然很慢，父母就故意数快一点，让孩子感觉到时间就快要到了。如果在快要结尾的时候，孩子还差得较远，就放慢计数的速度。这种方法可以让宝宝加快速度，但是也会养成宝宝"马虎"的习惯，所以，爸爸妈妈要告诉宝宝，完成任务不只是时间短，还包括做得好。

当然，宝宝完成任务爸爸妈妈要给予鼓励。

性格慢的宝宝

不同的孩子神经类型是不一样的。有的孩子神经类型快，有的孩子慢半拍，不过这样的孩子专注力比较好。当然一些畏缩、害怕、害羞、沉默，不愿意与别人互动的宝宝做事也就会慢一些。

对于这样的宝宝，爸爸妈妈不要急于求成，而是要从根本入手，改变宝宝的性格缺陷，发挥宝宝的性格长处，这样宝宝才会真正地改变磨蹭的习惯。

在性格慢的宝宝中有很多是缺乏信心的，对于这样的宝宝，爸爸妈妈如果平时呵斥过多，那么宝宝就会不敢去做事情，这样，她的速度也就更慢了。所以，家长要注意平时给予宝宝鼓励，采用正话反说的办法，比如说："妞妞大了1岁，懂事不少！用不着妈妈提醒，就上床睡觉了。"这样，宝宝因为得到提前的鼓励，自然就会乖乖去做了。

缺乏兴趣

宝宝习惯做自己感兴趣的事情，没兴趣的事就不会做得快。如果妈妈对宝宝说，一会儿去游乐场，宝宝可能3分钟就穿好了衣服，还反过来催大人。如果你让宝宝去收拾地上的玩具的话，她可能就慢吞吞地做，任你喊破嗓子，她的动作还是依然如故的慢。

所以，对于宝宝不感兴趣的事情要激发宝宝的兴趣，比如用竞赛的形式，提升宝宝的竞争欲望，那么她就快速地做了。比如，早晨穿衣服，爸爸妈妈可以和宝宝比赛，当然，大人会"占便宜"，但是为了不打击宝宝的积极性，爸爸妈妈要放慢速度，记住不要让宝宝看出来，否则宝宝就觉得竞赛没有意义了。

家庭氛围慢的宝宝

如果爸爸妈妈都是慢性子，叫宝宝如何快得起来！所以当你平时磨

磨蹭蹭时，就不要在偶然间自己需要急于做某事让宝宝快起来了。先改变一下自己，再想着改变宝宝吧。

以上就是一些磨蹭宝宝的特点，只要家长认真教导宝宝，相信宝宝一定不会让爸爸妈妈失望的。另外，为了提高宝宝的速度，爸爸妈妈平时不能让宝宝太过依赖自己，时而让宝宝体验一下磨蹭的后果，这样，宝宝受到磨蹭的打击，磨蹭自然大大减少了。

第十二章

好环境，好女儿的幸福乐园

　　著名儿童教育家蒙特梭利说，环境是有生命的。每个孩子在他出生后，无时无刻的在周围环境中吸收"营养"：他们在爸爸妈妈的照顾中得到最初的信赖；在与陌生人的交往中得到最初的害羞；从伙伴的游戏中得到集体意识的融合……

第六十二节　创造爱与和谐的成长环境

　　在宝宝没有出生时，也许你就想着要为宝宝创造良好的成长环境，让她拥有最快乐的童年，让她得到最适合的教育。当宝宝降生之后，你真的为宝宝创造了你梦想给她的环境了吗？

　　其实宝宝的成长环境，不仅是一个屋子，一堆玩具、一摞图画书……还包括爸爸和妈妈之间的亲密，妈妈对邻居奶奶的关爱，爸爸对一个陌生人的简单帮助……可以说，宝宝的成长环境是多层次、多侧面的，它不仅包括实物环境、语言环境，还包括心理环境和人际环境。

　　总结来说，宝宝经常听到看到感受到的，都属于环境范围。著名的心理学家皮亚杰论认为，"当宝宝处于前运算阶段时，对于抽象的东西是难以接受的。他们活泼好动、喜欢探索的天性，决定了环境的创设与改变，对他们具有十分重大的影响。而这种影响不仅有利于宝宝行为的改变，还有利于他们的认知发展"。

　　关于宝宝的教育环境问题，儿童生态学专家进行了专门的研究，他们强调利用环境来陶冶宝宝，通过环境的创设与美化设计创造出最适合宝宝成长的教育环境，然后利用环境和宝宝的相互关系，来诱发和改变他的行为。这样，宝宝就能在环境的熏陶下健康成长了。

　　心理学家诺尔蒂这样生动地描绘了家庭教育环境与宝宝成长之间的关系：

　　在充满批评的环境下成长，宝宝学会了吹毛求疵；

　　在充满敌意的环境下成长，宝宝学会了争论反抗；

　　在充满被怜悯的环境下成长，宝宝学会了自怨自艾；

　　在充满嫉妒的环境下成长，宝宝学会了贪得无厌；

　　在充满耻辱的环境下成长，宝宝学会了自觉有罪；

　　在充满宽容的环境下成长，宝宝学会了耐心；

在充满鼓励的环境下成长，宝宝学会了自信；

在充满赞美的环境下成长，宝宝学会了赏识他人；

在充满认同的环境下成长，宝宝学会了爱惜自己；

在充满被接受的环境下成长，宝宝学会了爱惜这个世界；

在充满被肯定的环境下成长，宝宝学会了立定志向；

在充满分享的环境下成长，宝宝学会了慷慨；

在充满公证诚实的环境下成长，宝宝学会了正义真理；

在充满安全感的环境下成长，宝宝学会了信任他人；

在充满友善的环境下成长，宝宝学会了热爱人生；

在充满安宁的环境下成长，宝宝学会了平安。"

教育环境对宝宝的影响不是某点、某个侧面的，它从外到内地渗透着宝宝的精神、灵魂，宝宝的每个行为、每个语言都深深的扎根在宝宝的成长环境中。

对于爸爸妈妈而言，就是尽力地为宝宝打造"积极"的环境。而积极环境地打造是点点滴滴形成的，对于宝宝来说，爸爸妈妈的一时兴起的亲自己并不是爱；爸爸妈妈偶尔和宝宝做游戏并不会加深亲子关系；爸爸妈妈偶尔让自己穿衣服，并不是独立教育……只有父母真正地从点滴中培养才是宝宝最需要的：

宝宝不想父母吵架；不想爸爸妈妈动不动就发脾气；不想知道爸爸妈妈对自己撒谎……宝宝想看到爸爸妈妈相互谦让、谅解的温馨；想让爸爸妈妈尽量解答自己的每个问题；想让爸爸妈妈喜欢自己的小朋友；想让爸爸妈妈对自己的进步给予表扬，每天亲亲自己……

而这对于她来说，就是最好的环境了。

第六十三节　父母不和，
孩子容易出现心理障碍

关于父母关系，前苏联著名的教育家安谢马卡连柯说："父母之间的真正爱情，父母之间的相互尊重、相互帮助和相互关心，能容许公开表现亲昵和温存，这一切从子女一岁开始就展现在他们面前，必然是他们受教育的最大因素……会唤醒子女对男女之间的严肃而美好关系的注意。"

相反，如果父母关系不和，就会让宝宝对于恨和憎恶的概念倍加关注，他们得到的是反面的教育。对于0～3岁的宝宝来说，他们并不能充分理解这样负面的情绪，也不能用正当的渠道去缓解这些情绪，所以，父母不和的环境中的宝宝很容易出现心理问题。在父母不和中，宝宝往往成为首当其冲的受害者。

家庭治疗理论家布宏（MurrayBowen）有一个重要的三角理论：当一个二人系统遇到问题时，就会自然地把第三者扯入他们的系统中，作用是减轻二人间的情绪冲击。因此，父母不和，宝宝就会无意识地入他们的阵线，形成一种三角关系。对于脆弱的宝宝来说，作为"三角之一"，宝宝往往发出各种心理病症，或行为问题，目的却是要保护或平衡父母间的纠纷。

据国内最新资料表明，我国儿童有焦虑或抑郁问题的发生率达6%～7%，这些儿童显得孤僻，易激动，烦躁或交往不良。对女宝宝来说，她们的天性的敏感，让她们对父母的关系更加在意，除了父母之间的不和外，她们甚至对父母的亲密度，情感如何表达都会做到细微的观察。所以，父母不和对女宝宝的影响比男宝宝要更加严重。如果女宝宝生活在一个缺少关爱，缺乏亲情，呆板而毫无情趣的家庭中，很容易出现焦虑或抑郁症状。

那么，具体来说，父母不和带给宝宝都有哪些心理问题呢？

内疚感

父母经常在宝宝面前争吵、打闹，甚至会把怒气发泄在宝宝身上，这样会惊吓到孩子，比如，关于宝宝教育问题，爸爸妈妈吵架时，偶尔会说："还不是为了给你……"这样就把问题都推到宝宝身上，宝宝因为父母关系的改变，就会因而变得退缩、消极，对周围环境不感兴趣，常常沉浸在内疚之中，这种自责心理，将导致孩子出现逃避现实的心理状态。

补偿心理

父母不和的家庭，爸爸妈妈自然对宝宝关心不够，由于缺乏父爱或母爱，宝宝常常感到空虚，祈盼在感情上得到补偿，这种情况延伸到青春期，就会在"感情补偿心理"的驱使下，盲目地向异性求爱。

自卑、猜疑心理

如果父母不和，出现离异状况，宝宝就会因为缺少爸爸或妈妈，遭到个别小朋友的嘲笑、冷落，而形成自卑心理，他们情绪忧伤，孤僻，畏缩，做事缺乏自信心。宝宝年纪稍大，还会因此产生猜疑心理，怀疑别人看不起他，欺负他，对别人的言行十分敏感，导致人际关系障碍。

不安全感

父母不和经常会导致爸爸妈妈一方离开家里，宝宝就会害怕爸爸或者妈妈不回来，不照顾自己了，不安全感随之产生。如果家里发生暴力，宝宝就会受到暴力的恐惧而不安，由此还会导致智力低下。

攻击行为

夫妻吵架往往会伴随理智的丧失，许多刻薄的话、粗话乃至脏话也脱口而出，有的夫妻甚至大打出手。而这就给宝宝提供了一个攻击性行为的坏榜样。宝宝此时模仿能力非常强，父母吵架时的神态、姿势、语气语调、用语他们都有可能学到。而宝宝的表现则是在游戏时，对着洋娃娃嫩声嫩气地骂，狠狠地打娃娃，或者，对小朋友说粗话、脏话。

可以说，父母不和对宝宝的影响是多方面的，所以家长争论吵架时，一定要避开宝宝，如果当时没有避开宝宝，一定要在吵架之后，对宝宝进行安抚，告诉宝宝爸爸妈妈是很爱他的，告诉宝宝不要害怕。

当然，如果可以的话，夫妻多多迁就一些，体谅对方一些，尽量减少争吵，这才是消除宝宝心理问题的最佳办法。

第六十四节　优秀幼儿园，
优秀宝宝的必备条件

宝宝3岁时候，就可以送进幼儿园了，当然现在许多不到3岁的宝宝也进入了幼儿园，有的宝宝2岁左右就进入了幼儿园。所以，对于0～3岁宝宝来说，幼儿园也是他重要的成长环境之一。

而作为孩子在正式开始传统教学前的受教育途径，幼儿园一直以来都非常受爸爸妈妈的重视，为了配备给孩子一个良好的启蒙教育环境，爸爸妈妈可是煞费苦心。

那么，如何为宝宝选择一个好的幼儿园呢？

是否近便很重要

幼儿园是否近便是很重要的。幼儿园离家或上班的地方近，接送孩子方便。如果为了给宝宝找一所好学校，就不考虑路途远近问题，那么会为以后接送宝宝的难题带来不必要的时间浪费。同时，为了不迟到，宝宝还要早起，要知道小宝宝可不管那么多。

多向别人询问

许多家长都是一个宝宝，所以给宝宝选幼儿园并没有什么技巧。要想知道一个幼儿园好不好，附近的幼儿园是什么情况，问问邻居、朋友，是十分必要的。

什么样的幼教最好

并不是温柔的老师才好

"这个老师不行，一点都不知道顺着孩子，让孩子高兴。"现代的父母们之所以把孩子送到幼儿园，希望孩子得到最好的启蒙教育。有的家长看到老师并不像自己想象的那样温柔，有耐心，所以，觉得不大好，看到老师一板一眼地批评小朋友，觉得老师太过较真。

要知道幼儿园不是家里，教师也不是父母，所以，自然不会向父母那样教育宝宝。幼儿园不仅是生活的地方，还是学习、教育的地方，如果老师对孩子一味迁就，不及时纠正小朋友的缺点，孩子很可能就失去了最好的受教育机会。

老师需要受过专业培训

幼儿园的老师都要接受过专业培训，掌握了现代教育技能和理念，这样才能更好地和宝宝交流，提升宝宝的素质水平。

老师的年纪

老师年轻一些，精力充沛，但会缺乏教学理念；老师年老一些，有经验，教育孩子的尺度把握较好。家长可以针对此，进行搭配选择，一支成熟的幼教队伍，应该既有刚毕业的年轻老师，又有年富力强的中年老师，两者各有特点，互相取长补短，这样才能更好地对宝宝进行教育。

幼儿园环境

如果一个幼儿园不能给宝宝提供充足游戏空间，那么爸爸妈妈就要舍弃。不过，有的家长认为，儿童活动设施越多、活动空间越大、教学设备越齐全，宝宝的成长环境就是最好的。事实并不是如此，幼儿园环境是一个重要的方面，但不能过分追求奢华。一个幼儿园如果活动空间大、设备比较齐全、教室布置让人感觉赏心悦目就基本达标了。

另外，幼儿园玩具是否够幼儿使用，图书、教具的陈列最好是采用开放式，方便幼儿拿取，宝宝对这些用品是否能自由使用，有没有受到限制也是值得参考的。当然，教室有没有宝宝们的作品，可以说是幼儿园软环境的一个方面，家长可以直观地看到幼儿园的教育成果。

幼儿园的安全意识

如果一个幼儿园安全意识差，那么家长就"避而远之"吧。考察幼儿园的安全时，家长可以看看就餐是否卫生、楼梯、桌角、柱子与游戏设施是否有防护的装备，厕所是否能及时打扫，园舍建筑是否稳固。此外，消防设备、饮水、用电安全也是家长要注意的。

在日常用品中，孩子饮水用的杯子有没有污垢、毛巾干不干净等这些小细节也是很重要的评估点。

幼儿园的价格

由于在一些幼儿园中存在"鱼目混珠"的现象，所以，价格高低并不是评价一个幼儿园好坏的真正标准。幼儿园收费高低是其经济运作问题，与质量高低无密切联系。所以，不能把收费高低与幼儿园的质量等同起来。

如果进入那种纯粹以"金钱"为入学条件的贵族式幼儿园，家庭会支付大批的开支，宝宝在幼儿园中也并不一定会得到好的教育。

幼儿园的名气

幼儿园"声誉"固然重要，但决不能代表幼儿园的一切。所以，家长不要只凭幼儿园的级别来做出决定，一级园固然有一级园的优势，但不应是您唯一的选择。另外，声誉好的幼儿园的招生人数都有严格的

限制，若父母为了争这一席之地，"不惜血本"，那么幼儿园的计划招生人数大大增加，对教育质量、宝宝的发展也是不利的。并且有名气的幼儿园最初也是从没有名气做起的，许多幼儿园在发展中都得到了不断的完善，家长也不用抱着一个幼儿园不放。

另外，幼儿园的名气得来是不一样的，有的是整体素质比较高，有的是因为它们有某些常上电视、电台的艺术班、美术班等，家长不要因为片面的好，而限制了宝宝的整体发展。

特色园

掌握一技之长，似乎应是基础教育之后的事，学龄前阶段关键是使儿童全面发展。现在很多的幼儿园都打出了特色园的招牌，如双语幼儿园、音乐、体育、艺术幼儿园等，这种培养特长的承诺确实令不少父母动心。

不过，从宝宝的立场出发，父母就知道特色并不是很重要，因为，如果此时过于给宝宝定向，那么只能是限制了宝宝的全面发展，同时，宝宝的童年也会因为幼儿园而蒙上阴影。所以，父母不必强求。对于宝宝的特长，留意一些，进行潜能开发是最重要的。毕竟宝宝这个阶段重在全面发展。

以上是家长在为宝宝选择幼儿园的一些小方法，下面是美国幼儿园幼儿教育专家提出的优秀幼儿园的几个标志，爸爸妈妈可以进行参考：

孩子们在幼儿园里有事可干，不会无目的地四处活动或被迫长时间地安静坐着，他们总能找到玩具玩或与别的孩子玩；

孩子们不会每天相同的时间，做同样的事情，他们一天中安排了各种各样的活动，如搭积木、扮演角色、看书、涂颜色等；

只要天气许可，孩子们每天都有机会到室外活动；

在一天中老师不会做同样的事情，他们会分别与单个孩子、小组以及所有孩子进行接触，跟他们一起活动。

总之，条条大路通罗马，家长只要认真思考，那么就会为宝宝选择到一个幼儿园。

教女小贴士：宝宝智商高低的环境密码

在很多父母的意识里，宝宝智商的来源大概就是遗传和开发两方面。其实，除了这两点之外，还有很多的环境会影响到宝宝的智商。下面就是宝宝智商高低的四个环境密码——

密码一：空气

哈佛一项最新研究证明：那些生活在空气严重污染环境中的儿童，要比生活在空气清新中的儿童智力低很多。专家认为儿童吸入的污染空气，可能会引起大脑发炎和氧化损伤，进而影响宝宝的智商。

在污染空气中，铅、氡、炭黑三种物质是扼杀宝宝大脑的凶手。

铅——铅是人类文明史中最严重的环境污染物之一。汽车尾气、室内装修和室内吸烟，以及一些铅作业的化工厂，都是铅的重要来源。6岁以下宝宝如果经常处于铅的环境中，除了会影响智力，还会出现发育缓慢、听力减退、行为困难的问题。

氡——氡是空气中主要的天然放射性元素，无色无味。一些建筑材料和室内装修材料都会含有氡，尤其是矿渣砖、炉渣砖中的氡更是多。

炭黑——汽车的尾气中，含有很多炭黑。专家研究发现，吸入越多炭黑的孩子，在智力测验中得分就越低。

与上面污染环境对比，清新的环境自然就会有利于宝宝的智力发展，尤其是芳香的环境还可以提高宝宝的智力。

密码二：水

水污染可以说是一个世界性的问题。日本曾经有一些孕妇误饮了被甲基汞污染的水，结果生下的宝宝，很多在临床上就表现出了痴呆。

水污染和空气污染一样，都是十分普及的，并且水污染中铅的比重很大。如果所喝的开水含铅，那么，时间一长，血液中也会含有铅毒。

铅毒对于孩子的脑损伤不仅仅是影响到智力的因素。研究表明，智商低下和犯罪行为有很大的关系。

密码三：地形

"一方水土养育一方人"，在智力上，土地也会影响到孩子。那些居住在海边的宝宝智商，要比居住在内陆宝宝的智商平均高 10~15 点。

关于地形和智商，有这样一个小故事。在拿破仑时期，法国南部（今瑞士阿尔卑斯山区），曾经流行一种白痴病。后来一位医生在调查的时候发现，地势高的地方，白痴病人就多，而降到了一定的地势，白痴就消失了。原来，山越高，土壤受到的冲洗就越多，土内就越缺少碘。如果一个宝宝严重的缺少碘，那么，智力就会受到严重损伤，甚至智商会低于 50。这样的宝宝甚至没有自理能力，寿命也很短。

密码四：居室

在居室中，对宝宝智力的影响主要有两个方面，一是居室的装修材料。二是居室的色彩。

在很多装修的材料中，都含有有害宝宝智力的物质，比如上面我们所说的铅和氡。所以，家长在选择装修材料的时候，一定要注意材料的物质成分和含量。

而在居室的颜色上，淡蓝色和黄绿色是有助于宝宝智力提升的。而黑色、白色和褐色则会降低宝宝的智商。

除了以上几点外，天体活动也会影响宝宝智商，比如，在太阳黑子活动剧烈，光耀斑发生频繁的年份出生的宝宝，智商平均要低于其他年份出生的宝宝 10~15 点。所以，如果你想让宝宝拥有好的智力，最好避免在这年让宝宝出生。